Realschule Bayern

À toi! 3

Vokabeltaschenbuch

Cornelsen

À toi! **3** **Realschule Bayern**
Vokabeltaschenbuch

Im Auftrag des Verlages erarbeitet
von der Redaktion Französisch
sowie Anke Kellerhoff (Wilnsdorf)

Illustrationen:
Laurent Lalo

Umschlaggestaltung:
werkstatt für gebrauchsgrafik,
Berlin

Layout und technische Umsetzung:
graphitecture book & edition

Abbildungen: Shutterstock.com: S. 55,
Pavel Stasevich; S. 67, Sergey
Novikov; S. 69, Leonid Andronov;
stock.adobe.com: S. 76, ALF photo

Flaggen 🏴: Shutterstock.com/
Chris P

www.cornelsen.de

1. Auflage, 2. Druck 2024

Alle Drucke dieser Auflage sind inhaltlich unverändert und
können im Unterricht nebeneinander verwendet werden.

© 2021 Cornelsen Verlag GmbH, Mecklenburgische Str. 53,
14197 Berlin, E-Mail: service@cornelsen.de

Druck: H. Heenemann, Berlin

ISBN 978-3-06-122224-6

PEFC zertifiziert
Dieses Produkt stammt aus nachhaltig
bewirtschafteten Wäldern und kontrolliert
Quellen.

www.pefc.de

PEFC/04-31-1156

Sommaire

Liste des mots   5

Les mots pour le dire   78

Arbeitsanweisungen verstehen   104

Verwendete Symbole und Abkürzungen

p. 8	Hier stehen die Vokabeln zu Seite 8 in deinem Buch.
≠	Hier findest du das Gegenteil des Wortes.
=	Hier findest du ein Wort mit gleicher Bedeutung.
→	Hinter diesem Pfeil findest du ein Wort, das zur gleichen Wortfamilie gehört und das du schon gelernt hast.
❗	Achtung! Pass hier besonders gut auf.
🇬🇧	Hier siehst du ein englisches Wort, das dem französischen Wort ähnlich ist.

▶ Verbes, p. 168 Die Konjugation aller Verben findest du auf den Seiten 138–141 in deinem Buch.

▶ Civilisation, p. 134 Zeigt dir an, dass du im *Petit dictionnaire de civilisation* (Kleines landeskundliches Wörterbuch) in deinem Buch weitere Informationen zu dem Eintrag findest.

adj.	*adjectif*	(Adjektiv)
adv.	*adverbe*	(Adverb)
f.	*féminin*	(weiblich)
fam.	*familier*	(umgangssprachlich)
imp.	*impératif*	(Imperativ)
inv.	*invariable*	(unveränderlich)
inf.	*infinitif*	(Infinitiv, Grundform)
m.	*masculin*	(männlich)
pl.	*pluriel*	(Plural)
qc	*quelque chose*	(etwas)
qn	*quelqu'un*	(jemand)
sg.	*singulier*	(Singular)
etw.	etwas	
jdm	jemandem	
jdn	jemanden	
Pers.	Person	
Pl.	Plural	
Sg.	Singular	
ugs.	umgangssprachlich	
wörtl.	wörtlich	

tu aimerais faire qc [tyɛməʀɛ]	du würdest gerne etw. tun	**Tu aimerais** partir en vacances avec moi?
l'arrondissement [laʀɔ̃dismɑ̃] *m.*	*Bezeichnung für die Pariser Stadtbezirke* ▶Nombres, p. 137	J'adore le cinquième **arrondissement**. C'est sympa!
l'adulte [ladylt] *m./f.*	der Erwachsene / die Erwachsene	🇬🇧 adult
moins de [mwɛ̃də]	weniger als, *hier:* jünger als	Ses enfants ont **moins de** 18 ans.
gratuit/gratuite [gʀatɥi/ gʀatɥit] *adj.*	kostenlos, gratis	Cool! J'achète un tee-shirt et le deuxième est **gratuit**.
la salle [lasal]	der Raum, der Saal	
le tableau / ! les tableaux [lətablo/letablo]	das Gemälde	
la sculpture [laskyltyʀ]	die Skulptur	
le visiteur / la visiteuse [ləvizitœʀ/lavizitøz]	der Besucher / die Besucherin	→ visiter 🇬🇧 visitor

le million [ləmiljɔ̃]	die Million	2,3 **millions** de personnes habitent à Paris.
la visite [lavizit]	der Besuch, die Besichtigung	→ visiter → le visiteur / la visiteuse 🇬🇧 visit
le mois [ləmwa]	der Monat	Je vais au cinéma tous **les mois**.
célèbre [selɛbʀ] *m./f. adj.*	berühmt	C'est un acteur très **célèbre**.
pour + *inf.* [puʀ]	um zu + *Infinitiv*	On va au Louvre **pour voir** la Joconde.
p. 9 la capitale [lakapital]	die Hauptstadt	🇬🇧 capital
la promenade [lapʀɔmnad]	der Spaziergang, die Spazierfahrt	Nous avons fait **une promenade** dans le parc.
le bateau-mouche / ❗ les bateaux-mouches [ləbatomuʃ/lebatomuʃ]	*Ausflugsschiff auf der Seine*	**Le bateau-mouche** est super pour visiter Paris.
haut/haute [o/ot] *adj.*	hoch	Cette tour est très **haute**!
la culture [lakyltyʀ]	die Kultur	🇬🇧 culture

l'atelier [latəlje]	das Atelier	Le week-end, ma mère est souvent dans **son atelier**.
le magasin [ləmagazɛ̃]	das Geschäft, der Laden	Tu connais **le magasin** dans la rue Paul?
chic [ʃik] *adj. inv.*	schick	
l'amoureux *m.* / l'amoureuse *f.* [lamuʀø/lamuʀøz]	der Verliebte / die Verliebte	
amoureux/amoureuse (de qn) [amuʀø/amuʀøz] *adj.*	verliebt (in jdn)	
idéal/idéale [ideal] *adj.*	ideal	Ce café est l'endroit **idéal** pour retrouver ses copains.
le pique-nique [ləpiknik]	das Picknick	Noé a organisé **un pique-nique**.
romantique [ʀɔmɑ̃tik] *m./f. adj.*	romantisch	«Chez Pierre» est un café très **romantique**.

Paris

les Catacombes [lekatakɔ̃b] f. pl. die Katakomben *unterirdische Gewölbe, in denen früher Tote beigesetzt wurden*

Denfert-Rochereau [dɑ̃fɛʀʀɔʃʀo] *Metrostation*

le musée du Louvre [ləmyzedyluvʀ] der Louvre *Kunstmuseum*

la Joconde [laʒɔkɔ̃d] die Mona Lisa *berühmtes Gemälde von Leonardo da Vinci im Louvre*

Léonard de Vinci [leɔnaʀdəvɛ̃si] Leonardo da Vinci *italienischer Maler, der im 15./16. Jahrhundert gelebt hat*

la salle des États [lasaldezeta] *Saal im Louvre, in dem die Mona Lisa ausgestellt ist*

Les Docks. La cité de la mode et du design [ledɔk] *Mode- und Designzentrum mit Ateliers, Ausstellungen, Festivals, Geschäften, Cafés, Restaurants*

les Champs-Élysées [leʃɑ̃zelize] f. pl. *Prachtstraße in Paris*

Berthillon [bɛʀtijɔ̃] *berühmtes Eiscafé*

l'Île Saint-Louis [lilsɛ̃lwi] f. *Insel in der Seine*

le marché de Barbès [ləmaʀʃedəbaʀbɛs] *beliebter Wochenmarkt in Paris*

Unité 1 | A

p.12 **se sentir** [səsɑ̃tiʀ] sich fühlen ▶Verbe en -ir (comme sortir), verbe pronominal, p.138–139 ❗ je me **suis** senti(e)

le Parisien / la Parisienne [ləparizjɛ̃/laparizjɛn]	der Pariser / die Pariserin	Marc est **Parisien**.
trouver que [tʀuvekə]	finden, dass	**Je trouve que** ce chat est vraiment joli.
le touriste / la touriste [ləturist/laturist]	der Tourist / die Touristin	
le restaurant [ləʀɛstɔʀɑ̃] ou le resto [ləʀɛsto] *fam.*	das Restaurant	
participer à qc [paʀtisipe]	an etw. teilnehmen	🏴󠁧󠁢󠁥󠁮󠁧󠁿 (to) participate
la course [lakuʀs]	das Rennen, der Lauf *z. B. (Rad-)Rennen*	Nesrine a fait **une course** de cinq kilomètres.
le garçon de café [ləgaʀsɔ̃dəkafe]	der Kellner	**Le garçon** apporte les boissons.
la course des garçons [lakuʀsdegaʀsɔ̃]	der Kellnerwettlauf *Wettrennen, bei dem Kellner/innen mit einem vollen Tablett laufen*	Sonia et Walid vont participer à **la course des garçons**.

se dépêcher [sədepɛʃe]	sich beeilen ▶Verbe pronominal, p. 139	Ils **se dépêchent** parce qu'ils sont en retard.
le fou / la folle [ləfu/lafɔl]	der Verrückte / die Verrückte	Je n'aime pas cette ville de **fous**!
Antoine de Saint-Exupéry [ɑ̃twandəsɛtɛksypeʀi]	*französischer Autor von z. B. „Der kleine Prinz"*	**Antoine de Saint-Exupéry** a écrit un livre super.
le quatorzième arrondissement [ləkatɔʀzjɛmaʀɔ̃dismɑ̃]	das 14. Arrondissement *Stadtbezirk im Süden von Paris*	La place Denfert-Rochereau est dans **le quatorzième arrondissement**.
le matin [ləmatɛ̃]	der Morgen, morgens	≠ le soir
se réveiller [səʀeveje]	aufwachen ▶Verbe pronominal, p. 139	❗ je me réveille
se lever [sələve]	aufstehen ▶Verbe pronominal, p. 139	❗ je me lève
se doucher [səduʃe]	duschen ▶Verbe pronominal, p. 139	
s'habiller [sabije]	sich anziehen ▶Verbe pronominal, p. 139	
se coiffer [səkwafe]	sich kämmen ▶Verbe pronominal, p. 139	

se maquiller [səmakije]	sich schminken ▶Verbe pronominal, p. 139	
être content/contente de faire qc [ɛtʀkɔ̃tɑ̃/kɔ̃tɑ̃tdə]	zufrieden/froh sein, etw. zu tun	Lily **est contente** de rentrer à la maison.
à mon avis [amɔnavi]	meiner Meinung nach	**À mon avis**, cette ville est formidable.
les gens [leʒɑ̃] *m. pl.*	die Leute	Ici, **les gens** sont sympa.
stressé/stressée [stʀɛse] *adj.*	gestresst	Eva a trop de devoirs: elle est **stressée**.
normal/normale/ ❗ normaux/normales [nɔʀmal/nɔʀmo]	normal	Tu as toujours faim, ce n'est pas **normal**!
la journée [laʒuʀne]	der Tag *in seinem Verlauf*	J'adore passer **la journée** à la plage.
tôt [to] *adv.*	früh	≠ tard
se coucher [səkuʃe]	schlafen gehen, sich hinlegen ▶Verbe pronominal, p. 139	≠ se lever
s'amuser [samyze]	sich amüsieren, Spaß haben ▶Verbe pronominal, p. 139	On **s'amuse** bien avec Véro et Élisa!

penser que [pɑ̃səkə]	denken, dass	Je **pense que** beaucoup de gens aiment cette ville.
conduire [kɔ̃dɥiʀ]	(Auto) fahren ▶ Verbes, p. 139	Mon père n'aime pas **conduire** la nuit.
le Parkour [ləpaʀkuʀ]	*Sportart* ▶ Civilisation, p. 136	J'adore faire du **Parkour** dans ma ville.
s'entraîner [sɑ̃tʀene]	trainieren, üben ▶ Verbe pronominal, p. 139	→ l'entraîneur / l'entraîneuse → l'entraînement

Einige französische Verben, die du kennst, kannst du auch mit *se* (sich) verwenden.

écrire → **s'écrire** (sich etw. schreiben)

regarder → **se regarder** (sich anschauen)

le terrain de jeux [ləteʀɛ̃dəʒø]	der Spielplatz	On va au **terrain de jeux** après l'école.

4 connaître qn/qc [kɔnɛtʀ]	jdn/etw. kennen ▶Verbes, p. 139	Vous **connaissez** ma tante?
le chemin [ləʃəmɛ̃]	der Weg	Est-ce que tu connais **le chemin**?
l'arrêt [laʀɛ] *m.*	die Haltestelle	Jéhan attend devant **l'arrêt** de bus.
le plan [ləplɑ̃]	der Plan	Je te montre le collège sur **le plan** de la ville.
Je suis perdu/perdue. [ʒəsɥipɛʀdy]	Ich weiß nicht mehr, wo ich bin.	Où est la salle de classe? **Je suis perdu.**
il vaut mieux faire qc [ilvomjø]	es ist besser, etw. zu tun	**Il vaut mieux** prendre le métro.
la ligne [laliɲ]	die Linie	Il faut prendre **la ligne** 3 ou 4?
la direction [ladiʀɛksjɔ̃]	die Richtung	🇬🇧 direction
changer [ʃɑ̃ʒe]	wechseln, *hier:* umsteigen	❗ nous changeons ❗ j'ai changé 🇬🇧 (to) change
le RER [ləɛʀəɛʀ] (*le réseau express régional*)	die S-Bahn *in Paris*	Erwan prend **le RER** pour aller au collège.

aller en (métro/RER/bus) [aleɑ̃metro/ɛʀəɛʀ/bys]	mit (der U-Bahn / der S-Bahn / dem Bus) fahren	Annaïck **va en** métro au concert.
direct/directe [diʀɛkt] *adj.*	direkt	On peut prendre une ligne **directe**?
descendre [desɑ̃dʀ]	hinabsteigen, *hier:* aussteigen ▶Verbe en -dre, p. 139	≠ monter
la station [lastasjɔ̃]	die Station	J'habite près de **la station** de métro.

Unité 1 | C

p. 16 C'est de l'arnaque! [sɛdələaʀnak] *fam.*	Das ist Abzocke!	Cinq euros le café?! **C'est de l'arnaque!**
le menu [ləməny]	das Menü, die Speisekarte	Dans **le menu** à 15 euros, est-ce qu'il y a une boisson?
le poisson [ləpwasɔ̃]	der Fisch	Je préfère **le poisson** avec des frites.
la viande [lavjɑ̃d]	das Fleisch	Sabrina ne mange pas de **viande**.
l'escargot [lɛskaʀgo] *m.*	die Schnecke	J'ai trouvé **un escargot** dans ma salade!
l'entrée [lɑ̃tʀe] *f.*	die Vorspeise	→ entrer

Beurk! [bœʀk]	Igitt!, Pfui!	**Beurk!** Il y a un escargot dans ma salade!
végétarien/végétarienne [veʒetaʀjɛ̃/veʒetaʀjɛn] *adj.*	vegetarisch	Maxime préfère les plats **végétariens**.
servir qc à qn [sɛʀviʀ]	jdm etw. servieren, jdn bedienen ▶Verbe en -ir (comme sortir), p. 138	Monsieur, qu'est-ce que je vous **sers**?
dire qc à qn [diʀ]	jdm etw. sagen ▶Verbes, p. 140	Qu'est-ce que vous **dites**?
le serveur / la serveuse [ləsɛʀvœʀ/lasɛʀvøz]	der Kellner / die Kellnerin	→ servir

Un kangourou entre dans un café.
Le kangourou: Un coca, s'il vous plaît.
Le serveur: Oui. Voilà, ça fait 15 euros.
Le kangourou: D'accord, merci.
Le serveur: On ne voit pas souvent de kangourous dans ce café.
Le kangourou: Oui, mais avec le coca à 15 euros, ce n'est pas une surprise …

Je suis désolé/désolée. [ʒəsɥidezɔle]	Es tut mir leid.	**Je suis désolé**, nous n'avons pas de gâteau.
la terrasse [lateʁas]	die Terrasse	On peut manger à **la terrasse**, c'est sympa.
comme [kɔm]	als	Qu'est-ce que tu prends **comme** entrée?
le coca / ▐ les coca [ləkɔka/lekɔka]	die Cola	J'ai soif. Je voudrais **un coca**.
la femme [lafam]	die (Ehe-)Frau	**La femme** de Marc s'appelle Nathalie.
l'homme [lɔm] *m.*	der Mann, der Mensch	**L'homme** là-bas, c'est le père d'Isa.
l'addition [ladisjɔ̃] *f.*	die Rechnung	Le serveur apporte **l'addition**.
la sandwicherie [lasɑ̃dwitʃəʁi]	der Imbissstand	🇬🇧 sandwich
le kébab [ləkebab]	der Döner Kebab	Miam, ce **kébab** est très bon!
la pizza [lapidza]	die Pizza	J'adore les **pizzas** Margherita.
Bon appétit! [bɔnapeti]	Guten Appetit!	Voilà vos plats. **Bon appétit!**

le monument [ləmɔnymɑ̃]	die Sehenswürdigkeit, das Denkmal	
l'exposition [lɛkspozisjɔ̃] f.	die Ausstellung	
l'Exposition Universelle [lɛkspozisjɔ̃ynivɛʁsɛl] f.	die Weltausstellung *zu Technik, Architektur und Kunsthandwerk*	
l'architecte [laʁʃitɛkt] m./f.	der Architekt / die Architektin	Ma mère est **architecte**.
construire qc [kɔ̃stʁyiʁ]	etw. bauen, etw. konstruieren ▶Verbe (comme conduire), p. 139	
au centre de qc [osɑ̃tʁdə]	im Zentrum von etw.	
à l'époque [alepɔk]	damals, früher	
mesurer [məzyʁe]	hoch sein, groß sein, messen	🇬🇧 (to) measure
moderne [mɔdɛʁn] m./f. adj.	modern	Cet appartement est très **moderne**.

écologique [ekɔlɔʒik] m./f. adj. ou écolo [ekɔlo] adj. inv. fam.	umweltfreundlich	Notre maison est **écologique**.
l'énergie [lenɛRʒi] f.	die Energie	🇬🇧 energy
le soleil [ləsɔlɛj]	die Sonne	À Montpellier, il y a souvent du **soleil**.
le vent [ləvɑ̃]	der Wind	Il y a beaucoup de **vent** près de la mer.
le bureau / ⚠ les bureaux [ləbyRo/lebyRo]	*hier:* das Büro, *auch:* der Schreibtisch	**Le bureau** de mon père est dans la rue Martin.
l'étage [letaʒ] m.	das Stockwerk, die Etage	J'habite au cinquième **étage**.
André Citroën [ɑ̃dResitRoen]	*französischer Automobilhersteller*	**André Citroën** est né à Paris.
l'entreprise [lɑ̃tRəpRiz] f.	das Unternehmen, die Firma	Ma mère est chef d'**une entreprise**.
la publicité [lapyblisite] ou la pub [lapyb] fam.	die Werbung	Je déteste **les publicités** à la télé.
la voiture [lavwatyR]	das Auto	Anne a acheté **une voiture**.
installer qc [ẽstale]	etw. einrichten, etw. installieren	Hier, mon père a **installé** l'ordinateur.

Philippe Petit [filippəti]	*französischer Hochseilartist*	**Philippe Petit** s'entraîne souvent.
le fil [ləfil]	der Faden, *hier:* das Seil	Elle marche sur **un fil**.
la Révolution Française [laʀevɔlysjɔ̃fʀɑ̃sɛz]	*die Französische Revolution (1789–1795)*	**La Révolution française** a commencé en 1789.
le Palais du Trocadéro [ləpalɛdytʀɔkadeʀo]	*Ausstellungspalast in Paris, der für die Weltausstellung 1878 errichtet wurde*	**Le Palais du Trocadéro** est à Paris.

Trainiere die *Version* (Übersetzung F → D) mit dem zu *Unité 1* passenden Übersetzungstext, S. 132 in deinem Buch.

Unité 2 | Approches

l'amour [lamuʀ] *m.*	die Liebe	→ amoureux/amoureuse
l'amitié [lamitje] *f.*	die Freundschaft	→ l'ami / l'amie
le/la pote [lə/lapɔt] *fam.*	der Freund / die Freundin, der Kumpel	Robert est mon meilleur **pote**.
le rendez-vous [ləʀɑ̃devu]	die Verabredung, der Termin	Nico a **un rendez-vous** avec le chef.

la paille [lapaj]	der Strohhalm	Je voudrais mon coca avec une paille.
la tente [latɑ̃t]	das Zelt	Richard aime dormir sous la tente.
où [u]	wo, *hier:* in dem, in der *Relativpronomen*	C'est un restaurant où on mange bien.
le délire [ledeliʀ]	der Wahnsinn	Faire du Parkour, c'est le délire!
froid/froide [fʀwa/fʀwad] *adj.*	kalt	≠ chaud/chaude
Il fait froid. [ilfɛfʀwa]	Es ist kalt.	≠ Il fait chaud.
p. 25 le petit copain / la petite copine [ləpətikɔpɛ̃/ lapətitkɔpin]	der (feste) Freund / die (feste) Freundin	♥ ♥
J'en ai déjà un/une. [ʒɑ̃nedeʒaɛ̃/yn]	Ich habe schon einen/eine.	Je ne veux pas ton vélo. J'en ai déjà un.
le mode d'emploi [ləmɔddɑ̃plwa]	die Gebrauchsanweisung	Je ne comprends pas ce mode d'emploi.
rigoler [ʀigɔle] *fam.*	lachen, Spaß haben	On rigole souvent en classe.

se remonter le moral [səʀəmɔ̃teləmɔʀal]	sich die schlechte Laune vertreiben, sich aufmuntern	Pour **se remonter le moral** on danse.
tout [tu]	alles *Indefinitpronomen*	Tu as vraiment **tout** compris?
s'entraider [sɑ̃tʀede]	sich gegenseitig helfen ▶Verbe pronominal, p. 139	→ aider

Unité 2 | A

6	**que** [kə]	den/die/das *Relativpronomen (Objekt des Nebensatzes)*	Le gâteau au citron, c'est un dessert **que** j'adore.
	qui [ki]	der/die/das *Relativpronomen (Subjekt des Nebensatzes)*	J'ai un ami **qui** est toujours content.
	pareil/pareille [paʀɛj] *adj.*	gleich	≠ différent/différente
	j'ai connu qn [ʒekɔny]	ich habe jdn kennengelernt	**J'ai connu** Eva au collège.
	la maternelle [lamatɛʀnɛl] ou **l'école maternelle** [lekɔlmatɛʀnɛl] *f.*	der Kindergarten	Mon petit frère est à **la maternelle**.

déménager [demenaʒe]	umziehen *von einem Ort an einen anderen*	❗ nous déménageons ❗ j'ai déménagé
le/la même [lə/lamɛm]	der-/die-/dasselbe, der/die/das gleiche	Cool! On a **le même** portable!
le secret [ləsəkʀɛ]	das Geheimnis	🇬🇧 secret
l'un / l'une pour l'autre [lɛ̃/lynpuʀlotʀ]	füreinander, *hier:* voreinander	Zac et Tom n'ont pas de secrets **l'un pour l'autre.**
la confiance [lakɔ̃fjɑ̃s]	das Vertrauen	**La confiance**, c'est important.
avoir confiance en qn [avwaʀkɔ̃fjɑ̃sɑ̃]	Vertrauen in jdn haben	Malo **a confiance en** son prof.
le défaut [lədefo]	der Fehler, die Schwäche	Il parle trop: c'est son **défaut.**
ne ... pas du tout [nəpadytu]	überhaupt nicht	Je **ne** suis **pas du tout** d'accord avec toi.
la qualité [lakalite]	die Qualität, die positive Eigenschaft	≠ le défaut
plutôt [plyto] *adv.*	eher	Je ne vais pas au cinéma. Je vais **plutôt** rester chez moi.
intello [ɛ̃tɛlo] *adj. inv. fam.*	intellektuell, *hier:* strebsam	Maëva est un peu **intello.**

raconter qc à qn [ʀakɔ̃te]	jdm etw. erzählen	Amel **raconte** une histoire **à** son frère.
plein de [plɛ̃də] *fam.*	viel/viele	≠ peu de
la blague [lablag]	der Witz	Cette **blague** est très drôle.

La mère de Toto lui demande:
– Qu'est-ce que tu fais?
– Rien.
– Et ton frère?
– Il m'aide!

Unité 2 | B

avoir le moral [avwaʀləmɔʀal]	gut drauf sein	Aaron n'**a** pas **le moral** parce qu'il a plein de devoirs.
qu'est-ce qui [kɛski]	was *Fragewort als Subjekt*	**Qu'est-ce qui** ne va pas?
discuter de qc avec qn [diskyte də]	etw. mit jdm besprechen	Tu as **discuté de** ton projet **avec** Victor?
l'été [lete] *m.*	der Sommer	Cet **été**, je vais aller à la plage.

la bande de copains [labɑ̃ddəkɔpɛ̃]	die Gruppe von Freunden	Thibault part en vacances avec sa **bande de copains**.
qui est-ce qui [kiɛski]	wer *Fragewort als Subjekt*	**Qui est-ce qui** veut jouer au foot avec moi?

Unité 2 | C

p. 30

la tête [latɛt]	der Kopf	J'ai cette chanson dans **la tête** depuis hier!
le refrain [ləʀəfʀɛ̃]	der Refrain	J'adore **le refrain** de cette chanson.
amuser qn [amyze]	jdn unterhalten, jdn amüsieren	Le chat **amuse** beaucoup Simon.
la muse [lamyz]	die Muse *Inspirationsquelle*	Tu es formidable, tu es ma **muse**!
emmener qn [ɑ̃məne]	jdn mitnehmen	**❗** j'emmène
le cœur [ləkœʀ]	das Herz	Mon tatouage, c'est **un cœur** rouge.
quand [kɑ̃]	wenn, immer wenn	**Quand** j'ai faim, je mange un fruit.
malheureux/malheureuse [maløʀø/maløʀøz] *adj.*	unglücklich	Quentin est **malheureux** parce qu'il a perdu son chat.
à deux [adø]	zu zweit	On fait toujours du canoë **à deux**.

joyeux/joyeuse [ʒwajø/ʒwajøz] *adj.*	fröhlich	Ma cousine est toujours **joyeuse**.
triste [tʀist] *m./f. adj.*	traurig	≠ joyeux/joyeuse
à fond [afɔ̃]	*hier:* auf voller Lautstärke	Il écoute toujours du métal **à fond**.
heureux/heureuse [øʀø/øʀøz] *adj.*	glücklich	≠ malheureux/malheureuse

Unité 2 | D

₂ tu voudrais [tyvudʀɛ]	du möchtest	Qu'est-ce que **tu voudrais** manger?
le thème [lətɛm]	das Thema	Tu aimes **le thème** de ce livre?
mini- [mini] *adj. inv.*	Mini- + *Nomen*	J'ai préparé des **mini**-gâteaux.
Les Aventures de Tintin [lezavɑ̃tyʀdətɛ̃tɛ̃]	Die Abenteuer von Tim und Struppi ▶Civilisation, p. 135	J'ai vu **Les Aventures de Tintin** au cinéma.
Tintin [tɛ̃tɛ̃]	Tim *belgischer Comic-Held*	Elle adore les bédés avec **Tintin**.
le reporter [ləʀəpɔʀtɛʀ]	der Reporter	Mon oncle est **reporter** pour la télé.
courageux/courageuse [kuʀaʒø/kuʀaʒøz] *adj.*	mutig	Sa mère n'a pas peur, elle est très **courageuse**!

Milou [milu]	Struppi	**Milou**, c'est le chien de Tintin.
vieux *m.* / **vieil** *m.* / **vieille** *f.* [vjø/vjɛj] *adj.*	alt	Mon portable a cinq ans: il est **vieux**!
la licorne [lalikɔʀn]	das Einhorn	**Une licorne**, c'est un peu comme un cheval.
long *m.* / ⚠ **longue** *f.* [lɔ̃/lɔ̃g] *adj.*	lang	Hélène a les cheveux **longs**.
le voyage [ləvwajaʒ]	die Reise	J'ai fait des photos pendant le **voyage**.
nouveau *m.* / **nouvel** *m.* / **nouvelle** *f.* [nuvo/nuvɛl] *adj.*	neu	≠ vieux/vieil/vieille
le/la capitaine [lə/lakapitɛn]	der Kapitän / die Kapitänin	Mon père est **le capitaine** de ce bateau.
l'alcool [lalkɔl] *m.*	der Alkohol	Corentin ne prend jamais des boissons avec de **l'alcool**.
beau *m.* / **bel** *m.* / **belle** *f.* [bo/bɛl] *adj.*	schön	≠ moche
la scène [lasɛn]	die Szene	C'est **la scène** du film que je préfère.

les effets spéciaux [lezefɛspesjo] *m. pl.*	die Spezialeffekte	**Les effets spéciaux** de ce film sont super!
le film d'animation [ləfilmdanimasjɔ̃]	der Animationsfilm	Je trouve que les **films d'animation** sont pour les enfants.
à voir [avwaʀ]	*hier:* den man sehen muss	C'est un film **à voir** en français.
la bande-annonce [labɑ̃danɔ̃s]	der Film-Trailer, die Vorschau	Tu as déjà vu **la bande-annonce** de Spiderman?
il/elle me plaît / ils/elles me plaisent [il/ɛlməplɛ / il/ɛlməplɛz]	er/sie gefällt mir / sie gefallen mir	Mon jean **me plaît** beaucoup.

Il me plaît. Er gefällt mir.

Elles ne me plaisent pas. Sie gefallen mir nicht.

No et moi [noemwa]	No & ich *französischer Roman und Film*	J'ai regardé **No et moi** à la télé.

avoir envie de faire qc [avwarãvidə]	auf etw. Lust haben, Lust haben, etw. zu tun	J'ai **envie** de faire une promenade.
Zabou Breitman [zabubrajtman]	*französische Regisseurin und Schauspielerin*	Il regarde tous les films de **Zabou Breitman.**
intéresser qn [ẽterese]	jdn interessieren	→ intéressant/intéressante
en général [ãʒeneral]	im Allgemeinen	🇬🇧 in general
l'émission [lemisjõ] *f.*	die Sendung	Tu as regardé **l'émission** à la télé, hier?

Trainiere die *Version* (Übersetzung F → D) mit dem zu *Unité 2* passenden Übersetzungstext, S. 132 in deinem Buch.

Unité 3 | Approches

p.40 **faire la connaissance de qn** [fɛrlakɔnɛsãsdə]	jdn kennenlernen	Hier, j'ai **fait la connaissance de** mes voisins. Ils sont sympa.
c'est la même chose que [sɛlamɛmʃozkə]	das ist das Gleiche wie	La cinquième, **c'est la même chose que** la «7. Klasse».
bosser [bɔse] *fam.*	arbeiten, schuften	= travailler

le brevet [ləbʀəvɛ]	Abschluss nach dem Collège	En troisième, Elsa prépare **le brevet**.
l'examen [lɛgzamɛ̃] *m.*	die (Abschluss-)Prüfung	Le brevet est **l'examen** en troisième.
passer (un examen) [pase]	(eine Prüfung) machen	On est stressés parce qu'on **passe** un examen.
la fin [lafɛ̃]	das Ende	Nous sommes tristes parce que c'est **la fin** des vacances.
prochain/prochaine [pʀɔʃɛ̃/pʀɔʃɛn] *adj.*	nächster/nächste/nächstes	L'année **prochaine**, Marco va passer le brevet.
le lycée [ləlise]	die gymnasiale Oberstufe, das Gymnasium	À 15 ans, Isa va au **lycée**.

Die Klassen im *collège* und im *lycée* werden rückwärts gezählt.

le collège:
la sixième (= 6. Klasse)
la cinquième (= 7. Klasse)
la quatrième (= 8. Klasse)
la troisième (= 9. Klasse)

le lycée:
la seconde (= 10. Klasse)
la première (= 11. Klasse)
la terminale *(= die Abschlussklasse)*

le lycée professionnel [lɔliseprɔfesjɔnɛl] *ou* le lycée pro [lɔlisepro] *fam.*	das berufliche Gymnasium	Après le brevet, Martin va au **lycée professionnel**.
l'apprentissage [laprɑ̃tisaʒ] *m.*	die Lehre, die Ausbildung	→ apprendre
vite [vit] *adv.*	schnell	**Vite!** Les filles attendent déjà.
l'école primaire [lekɔlprimɛr] *f.*	die Grundschule	Ma sœur a 8 ans et elle va à **l'école primaire**.
le baccalauréat [lɔbakalɔrea] *ou* le bac [lɔbak] *fam.*	das Abitur	Noah passe son **baccalauréat** cet été.

le bac général das allgemeine Abitur
le bac techno(logique) das Abitur *mit technischem Schwerpunkt*
le bac pro(fessionnel) das Fachabitur
le CAP (le certificat d'aptitude professionnelle) *Abschluss nach einer zweijährigen Facharbeiterausbildung*

le CFA (le Centre de Formation d'Apprentis) [lɔseɛfa]	die Berufsschule	Je fais mon apprentissage au **CFA** de Montpellier.

C'est le pied! [sɛləpje]	Das ist total cool!	La mer et la plage, **c'est le pied!**
l'échange [leʃɑ̃ʒ] *m.*	der Austausch	→ changer
la rédaction [laʀedaksjɔ̃]	die Redaktion	Paul travaille à **la rédaction** de Magajeunes.
autre [otʀ] *m./f. adj.*	anderer/andere/anderes	Je préfère l'**autre** acteur.
terminer qc [tɛʀmine]	etw. beenden, *hier:* Schluss haben	≠ commencer
sévère [sevɛʀ] *m./f. adj.*	streng	Ma grand-mère est **sévère**.
sauf [sof]	außer	J'aime tous les fruits **sauf** les pommes.
la physique [lafizik]	die Physik	Ma matière préférée, c'est **la physique**.
l'exception [lɛksɛpsjɔ̃] *f.*	die Ausnahme	🏴 exception
croire qn/qc [kʀwaʀ]	jdm/etw. glauben ▶Verbes, p. 139	Il **croit** qu'il n'a pas fait de fautes.
que [kə]	dass	Je crois **que** ma tante habite à Gap.

le correspondant / la correspondante [ləkɔʀɛspõdã/lakɔʀɛspõdãt] ou le/la corres [lə/lakɔʀɛs] *fam.*	der Austauschpartner / die Austauschpartnerin	Mon **correspondant** français s'appelle Félix.
même [mɛm]	sogar	**Même** mon chien n'aime pas ce gâteau!
libre [libʀ] *m./f. adj.*	frei	On a beaucoup de temps **libre** aujourd'hui.
le niveau [lənivo]	das Niveau	Bachar a un bon **niveau** en maths.
l'Allemand *m.* / l'Allemande *f.* [lalmã/lalmãd]	der/die Deutsche	Je trouve que les **Allemands** sont bons en anglais.
meilleur/meilleure [mɛjœʀ] *adj.*	besser	Ton gâteau est **meilleur** que le gâteau de Luc.
le Français / la Française [ləfʀãsɛ/lafʀãsɛz]	der Franzose / die Französin	**Les Français** arrivent demain.
j'espère que [ʒɛspɛʀkə]	ich hoffe, dass	**J'espère que** mon copain va m'inviter au cinéma.
interroger qn [ɛ̃teʀɔʒe]	*hier:* jdn abfragen, jdn prüfen	❗ nous interrogeons

le pain [ləpɛ̃]	das Brot	**Le pain** est bon dans ta boulangerie!
le repas [ləʀəpa]	das Essen, die Mahlzeit	On mange nos **repas** à la cuisine.
l'expérience [lɛkspeʀjɑ̃s] *f.*	die Erfahrung	🇬🇧 experience
l'actualité [laktɥalite] *f.*	die aktuellen Nachrichten	Tu es au courant des **actualités** en France?
la jeunesse [laʒœnɛs]	die Jugend	→ jeune
franco-allemand/franco-allemande [fʀɑ̃koalmɑ̃/ fʀɑ̃koalmɑ̃d] *adj.*	deutsch-französisch	C'est une école **franco-allemande**.

Unité 3 | B

4 plus de qc [plysdə]	mehr von etw.	
la cafétéria [lakafeteʀja] ou la cafèt' [lakafɛt] *fam.*	die Cafeteria	
moins de qc [mwɛ̃də]	weniger von etw.	

| Il y a peu d'ordinateurs. | Je voudrais **plus** d'ordinateurs. |
| On a beaucoup de devoirs. | Je voudrais **moins de** devoirs. |

il nous manque [ilnumɑ̃k]	uns fehlt/fehlen	Zut! **Il nous manque** 3 euros pour acheter le cadeau!
le distributeur de boissons [lədistʁibytœʁdəbwasɔ̃]	der Getränkeautomat	Il y a du jus d'orange dans **le distributeur de boissons**?
poster qc [pɔste]	etw. posten *im Internet*	Hier, Arif a **posté** un commentaire.
le programme [ləpʁɔgʁam]	das Programm	Guy a effacé **le programme** de son ordinateur.
la violence [lavjɔlɑ̃s]	die Gewalt	🇬🇧 violence
fermé/fermée [fɛʁme] *adj.*	geschlossen	≠ ouvert/ouverte
malade [malad] *m./f. adj.*	krank	
la technologie [latɛknɔlɔʒi] *ou* la techno [latɛkno] *fam.*	der Werk- und Informatik-unterricht *Schulfach*	
avoir la possibilité de faire qc [avwaʁlapɔsibilitedə]	die Möglichkeit haben, etw. zu tun	🇬🇧 possibility

| ça suffit [sasyfi] | das genügt, das reicht | Ne fait pas l'idiot! **Ça suffit!** |

Unité 3 | C

agir [aʒiʀ]	handeln, etw. unternehmen ▶Verbe en -ir (comme finir), p. 138	Il faut **agir** contre la violence!
l'action [laksjɔ̃] f.	die Aktion	On organise **une action** pour l'écologie.
la réunion [laʀeynjɔ̃]	das Treffen, die Sitzung	**La réunion** est à 9 heures.
l'écologie [lekɔlɔʒi] f.	die Ökologie	→ écologique
jeter qc [ʒəte]	etw. (weg)werfen	**!** je jette
la poubelle [lapubɛl]	der Mülleimer	Quoi?! Tu mets ton portable à **la poubelle**?
le théâtre [ləteɑtʀ]	das Theater	Mes parents vont au **théâtre** ce soir.
finir qc [finiʀ]	etw. beenden ▶Verbes, p. 138	→ la fin ≠ commencer
Charles Péguy [ʃaʀlpegi]	*französischer Schriftsteller (1873–1914)*	Je vais au collège **Charles Péguy**.

le sponsor [ləspõnsɔʀ]	der Sponsor / die Sponsorin	Qui est **le sponsor** de notre équipe?
chaque [ʃak] + *nom*	jeder/jede + *Nomen*	La prof a corrigé **chaque** interro.
l'ONG (l'Organisation Non Gouvernementale) [loɛnʒe] *f.*	die Nichtregierungsorganisation (NRO *oder* NGO)	Ma tante travaille pour une **ONG**.
choisir qc [ʃwaziʀ]	etw. wählen, etw. auswählen ▶Verbe en -ir (comme finir), p. 138	🇬🇧 (to) choose
le Tchad [lətʃad]	der Tschad *Binnenstaat in Zentral-afrika, in dem auch Französisch gesprochen wird*	Mon cousin habite au **Tchad**.
le slogan [ləslɔgã]	der Slogan	**Le slogan** de cette publicité est nul.
le logo [ləlogo]	das Logo	Qui a dessiné **le logo** de cette entreprise?
chacun/chacune (d'entre vous) [ʃakɛ̃/ʃakyndɑ̃tʀvu]	jeder/jede (von euch)	**Chacun** doit apporter des boissons.
s'engager [sãgaʒe]	sich engagieren ▶Verbe pronominal, p. 139	❗ nous nous engageons
réfléchir [ʀefleʃiʀ]	nachdenken, überlegen ▶Verbe en -ir (comme finir), p. 138	Joséphine **réfléchit** d'abord, puis elle répond.

8 | **le papy** [ləpapi] *fam.* | der Opa | Je vais chez mon **papy** aujourd'hui. |
quand [kɑ̃]	wenn, *hier:* als	**Quand** j'étais petit, je n'aimais pas les bédés.
autrefois [otʀəfwa]	früher, damals	= à l'époque ≠ aujourd'hui
l'informatique [lɛ̃fɔʀmatik] *f.*	die Informatik	Dans la salle d'**informatique**, il y a 17 ordinateurs.
par contre [paʀkɔ̃tʀ]	jedoch, allerdings	Je déteste danser. **Par contre**, j'adore chanter.
la menuiserie [laмənɥizʀi]	das Tischlern, das Schreinern	Nolwenn apprend **la menuiserie**.
la gymnastique [laʒimnastik]	die Gymnastik	Tu fais de **la gymnastique** tous les matins?
l'hiver [livɛʀ] *m.*	der Winter	Il fait très froid cet **hiver**.
la balle aux prisonniers [labalopʀizɔnje]	Völkerball	Vous voulez jouer à **la balle aux prisonniers**?

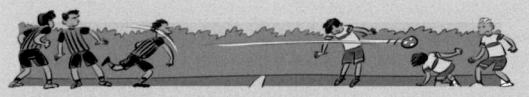 

jouer à la balle aux prisonniers   **jouer du piano**

Weißt du noch? Du verwendest *jouer à* bei Spielen und Sportarten, *jouer de* bei Instrumenten.

le scoubidou [ləskubidu]	*bunte, geknüpfte Plastikbänder*	Azra a fait **un scoubidou** rouge et vert.
parfois [paʀfwa]	manchmal	**Parfois**, je vais à la piscine.
fumer [fyme]	rauchen	Sophie ne **fume** plus.
en cachette [ɑ̃kaʃɛt]	heimlich	Je suis sortie **en cachette** avec mes copains.
risqué/risquée [ʀiske] *adj.*	riskant	Ne va pas dans la mer ici. C'est trop **risqué**!
partout [paʀtu]	überall	C'est horrible! Il y a des voitures **partout**!
la radio [laʀadjo]	das Radio	J'écoute **la radio** sous la douche.
Salut les copains [salylekɔpɛ̃]	*ehemaliges französisches Jugendmagazin*	Tu lisais **Salut les copains**?

le magazine [ləmagazin]	das Magazin, die Zeitschrift	Dilek lisait ce **magazine** tous les mois.
de l'époque [dəlepɔk]	von früher	Les robes **de l'époque** étaient moches!
Johnny Hallyday [dʒonialide]	*französischer Rocksänger (1943–2017), einer der größten Stars des französischen Show-Business*	Je déteste la musique de **Johnny Hallyday**.
Sylvie Vartan [silvivaʀtɑ̃]	*französische Popsängerin (geb. 1944) Teenage-Idol in den 1960er Jahren in Frankreich*	**Sylvie Vartan** est une chanteuse sympa.
Louis de Funès [lwidəfynɛs]	*französischer Schauspieler (1914–1983)* ▶ Civilisation, p. 134	J'ai vu un film avec **Louis de Funès**.
le flipper [ləflipœʀ]	der Flipper *Spielautomat*	Tu veux jouer au **flipper** avec moi?
seulement [sœlmɑ̃] *adv.*	nur, erst	**Seulement** cinq personnes étaient à la fête.
le franc [ləfʀɑ̃]	der Franc *ehemalige Währung in Frankreich*	Avant l'euro, un croissant coûtait 3 **francs**.

Trainiere die *Version* (Übersetzung F → D) mit dem zu *Unité 3* passenden Übersetzungstext, S. 132 in deinem Buch.

Module 1 ▶ Wortschatz obligatorisch

p. 54	**l'évènement** [levɛnəmã] *m.*	das Ereignis	La fête de la musique est **un évènement** génial!
	donc [dɔ̃k]	also, folglich	Je déteste le métal, **donc** je ne vais pas au concert d'Eyeless.
	la jupe [laʒyp]	der Rock	Ta nouvelle **jupe** est jolie!
	dehors [dəɔʀ]	draußen	Le chien doit attendre **dehors**.
	l'ambiance [lãbjãs] *f.*	die Stimmung	**L'ambiance** de la fête est un peu nulle.
	malheureusement [maløʀøzmã] *adv.*	leider	→ malheureux/malheureuse
p. 54/4a	**C'est dommage!** [sɛdɔmaʒ]	Das ist schade!	Vous n'avez pas le temps? **C'est dommage!**

7	la pomme de terre [lapɔmdətɛʀ]	die Kartoffel	Cléa n'aime pas **les pommes de terre**.
	serrer la main à qn [seʀelamɛ̃]	jdm die Hand schütteln	
	la bise [labiz]	der Kuss *auf die Wange*	
	la saucisse [lasosis]	die Wurst, das Würstchen	Je mange toujours **une saucisse** au marché.
	la porte de Brandebourg [lapɔʀtdəbʀɑ̃dəbuʀ]	das Brandenburger Tor *Tor im Zentrum von Berlin, berühmtes Wahrzeichen der Stadt*	J'aimerais acheter une carte postale avec **la porte de Brandebourg**.
	la tour de télé [latuʀdətele]	der Fernsehturm *Turm (368 m) im Zentrum von Berlin, berühmtes Wahrzeichen der Stadt*	Est-ce que tu as déjà visité **la tour de télé** de Berlin?
	une fois [ynfwa]	einmal	**Une fois**, j'ai vu mon acteur préféré!
	se marrer [səmaʀe] *fam.*	sich amüsieren ▶Verbe pronominal, p. 139	Avec Lucie on **se marre** toujours bien!

l'échange scolaire [leʃɑ̃ʒskɔlɛʀ]	der Schüleraustausch	J'ai déjà participé à trois **échanges scolaires**!
le malentendu [ləmalɑ̃tɑ̃dy]	das Missverständnis	Entre ma mère et mon père il y a beaucoup de **malentendus**.
le séjour linguistique [ləseʒuʀlɛ̃gyistik]	der Sprachaufenthalt	Mon école organise des **séjours linguistiques**.
la situation [lasityasjɔ̃]	die Situation, die Lage	La bédé montre **une situation** drôle.
réaliste [realist]	realistisch	Je voudrais aller à Paris en mars. Tu penses que c'est **réaliste**?
l'arrivée [laʀive]	die Ankunft	→ arriver
le début [lədeby]	der Anfang	**Le début** du film est super.
le cliché [lekliʃe]	das Klischee	
la famille d'accueil [lafamijdakœj]	die Gastfamilie	Ma **famille d'accueil** est super sympa!
simple [sɛ̃plə]	einfach, simpel	Cette histoire est vraiment trop **simple**.

p. 58

l'animal domestique *m.* ❗ les animaux domestiques [lanimaldɔmɛstik/ lezanimodɔmɛstik]	das Haustier	Clara adore **les animaux domestiques**: elle a deux chats et un chien.
l'allergie [lalɛʀʒi] *f.*	die Allergie	Mon frère fait **une allergie** aux tomates.
la fête d'adieu [lafɛtdadjø]	die Abschiedsfeier	Je n'aime pas **les fêtes d'adieu**. C'est trop triste!

Module 3 ▶ Wortschatz obligatorisch

le berger allemand [ləbɛʀʒealmɑ̃]	der Schäferhund	Lili a peur des **bergers allemands**.
prêter qc à qn [pʀete]	jdm etw. leihen	Est-ce que tu peux me **prêter** ton livre?
la Pentecôte [lapɑ̃tkot]	Pfingsten	À **la Pentecôte**, on va chez Lucie.
la chambre d'amis [laʃɑ̃bʀdami]	das Gästezimmer	Les Michot ont deux **chambres d'amis**!

Réponds-moi vite! [ʀepɔ̃mwavit]	Antworte mir schnell!	Tu as le temps? **Réponds-moi vite!**

Unité 4 | Approches

p. 64	**professionnel/professionnelle** [pʀɔfesjɔnɛl] *adj.*	beruflich, Berufs-	J'ai déjà de l'expérience **professionnelle**.
	le job d'été [ləʤɔbdete]	der Ferienjob	J'ai un **job d'été** dans une boulangerie.
	la ferme [lafɛʀm]	der Bauernhof	
	bio [bjo] *fam.*	Bio-	
	l'Auvergne [lovɛʀɲ] *f.*	*Region in Zentralfrankreich (Auvergne-Rhône-Alpes)* ▶Carte, p. 136	
	la récolte [laʀekɔlt]	die Ernte	On va faire **la récolte** des pommes.

au mois de (juillet) [omwadəʒɥijɛ]	im Monat (Juli)	Je vais chez mes cousins **au mois de** juillet.
(5 euros) de l'heure [sɛ̃køʀodəlœʀ]	(5 Euro) pro Stunde	Ils me donnent 6 **euros de l'heure**.

À la boulangerie, ils me donnent 7 euros **de l'heure**.
In der Bäckerei bekomme ich 7 Euro pro Stunde.
aber:
Mon père me donne 20 euros **par mois/jour**.
Mein Vater gibt mir 20 Euro im Monat / am Tag.

contacter qn [kɔ̃takte]	jdn kontaktieren	Tu crois qu'ils vont me **contacter**?
le/la baby-sitter [lə/labebisitœʀ]	der Babysitter / die Babysitterin	Je suis **la baby-sitter** des enfants des voisins.
s'occuper de qn/qc [sɔkypedə]	sich um jdn/etw. kümmern ▸Verbe pronominal, p. 139	Audrey **s'occupe de** mon chien ce week-end.
l'Ardèche [laʀdɛʃ] f.	*Département in der Region Auvergne-Rhône-Alpes* ▸Carte, p. 136	Nous passons les vacances en **Ardèche**.

l'argent de poche [laʀʒãdəpɔʃ] *m.*	das Taschengeld	J'ai 15 euros d'**argent de poche** par mois.
le garçon / la fille au pair [ləgaʀsɔ̃/lafijopɛʀ]	der Au-pair-Junge / das Au-pair-Mädchen *arbeitet gegen Verpflegung, Unterkunft und Taschengeld bei einer Gastfamilie*	Nos voisins ont une **fille au pair** française.
la candidature [lakãdidatyʀ]	die Bewerbung	Il y avait beaucoup de **candidatures** pour ce travail.
poser sa candidature [pozesakãdidatyʀ]	sich bewerben	Arnaud a **posé sa candidature** dans l'entreprise de son oncle.
le stage [ləstaʒ]	der Kurs, *hier:* das Praktikum	
le zoo [ləzo]	der Zoo	
Amnéville [amnevil]	*Stadt im Osten Frankreichs*	
Aix-en-Provence [ɛksãpʀɔvãs]	*Stadt im Süden Frankreichs*	
la location [lalɔkasjɔ̃]	der Verleih	Est-ce qu'il y a **une location** de bateaux?
❗ le tour [lətuʀ]	die Tour, der Ausflug	Adèle fait **le tour** de l'Europe à vélo.

p. 65 (margin note next to la candidature row)

la Provence [laprɔvɑ̃s]	*Landschaft im Süden Frankreichs*	**La Provence**, c'est mon endroit préféré.
la mécanique [lamekanik]	die Mechanik	**La mécanique** m'intéresse.
devenir [dəvəniʀ]	werden ▶Verbe (comme venir), p. 141	Plus tard, je voudrais **devenir** professeur de sport.
le mécanicien / la mécani-cienne [ləmekanisjɛ̃/ lamekanisjɛn]	der Mechaniker / die Mechanikerin	→ la mécanique

Unité 4 | A

s'ennuyer [sɑ̃ɥije]	sich langweilen ▶Verbe pronominal, p. 139	**!** *nur* je m'ennuie
le garage [ləgaʀaʒ]	die (Auto-)Werkstatt, *auch:* die Garage	La voiture est au **garage**.

près de chez moi [pʀɛdəʃemwa]	bei mir in der Nähe	C'est pratique, le collège est **près de chez moi**.
servir en salle [sɛʀviʀɑ̃sal]	im Speisesaal servieren	Je préfère **servir en salle**.
Ça m'a plu. [samaply]	Das hat mir gefallen.	Ce livre **m'a plu**.
c'est pourquoi [sɛpuʀkwa]	deshalb	Elle fait du volley depuis 5 ans. **C'est pourquoi** elle joue bien.
la lettre [lalɛtʀ]	der Brief	🇬🇧 letter
la lettre de motivation [lalɛtʀdəmɔtivasjɔ̃]	das Bewerbungsschreiben	Je veux travailler, alors j'ai écrit beaucoup de **lettres de motivation**.
le rapport de stage [ləʀapɔʀdəstaʒ]	der Praktikumsbericht	Nico a écrit son **rapport de stage**

Unité 4 | B

p. 68 **venir de faire qc** [vəniʀdəfɛʀ]	gerade etwas getan haben	Je **viens de** téléphoner à Cécile.
l'annonce [lanɔ̃s] *f.*	die Anzeige, das Inserat	J'ai lu **l'annonce** dans le magazine.
être en train de faire qc [ɛtʀɑ̃tʀɛ̃də]	gerade dabei sein, etw. zu tun	Pas maintenant, je **suis en train** d'écrire à mon copain!

le goûter [ləgute]	kleine Mahlzeit gegen 16 Uhr oder nach der Schule	Maman, qu'est-ce que tu as acheté pour **le goûter**?
le printemps [ləpʀɛ̃tɑ̃]	der Frühling	Ce **printemps**, nous allons en France.
l'éducateur *m.* / l'éducatrice *f.* [ledykatœʀ/ledykatʀis]	der Erzieher / die Erzieherin	Dimitri est **éducateur** dans une école maternelle.
en plus [ɑ̃plys]	außerdem	J'aime les enfants. **En plus**, j'ai déjà fait un stage dans une école.
garder qn/qc [gaʀde]	etw. behalten, *hier:* auf jdn/etw. aufpassen	Tu peux **garder** mon chat en juillet?
le brevet de sauveteur [ləbʀəvedəsovtœʀ]	die Rettungsschwimmerprüfung	Pour travailler à la piscine, il faut **le brevet de sauveteur**.
dernier/dernière [dɛʀnje/dɛʀnjɛʀ] *adj.*	letzter/letzte/letztes	≠ premier/première
j'espère pouvoir faire qc [ʒɛspɛʀpuvwaʀ]	ich hoffe, etw. tun zu können	**J'espère pouvoir** aller à la fête d'Henri demain.
respectueuses salutations [ʀɛspɛktɥøzsalytasjɔ̃] *f. pl.*	*etwa:* mit freundlichen Grüßen *förmliches Ende eines offiziellen Briefes*	**Respectueuses salutations**, Julien Bernard

p.70	**personnel/personnelle** [pɛʀsɔnɛl] *adj. ou* **perso** [pɛʀso] *fam.*	persönlich	→ la personne
	la catastrophe [lakatastʀɔf] *ou* **la cata** [lakata] *fam.*	die Katastrophe	C'est **la catastrophe**! Je ne trouve pas mes clés!
	l'article [laʀtikl] *m.*	der Artikel	**L'article** de ce magazine est intéressant.
	le petit-déjeuner [ləpətideʒœne]	das Frühstück	Je prends mon **petit-déjeuner** à 7 heures.

07:00 **12:30** **16:00** **20:00**

7 h: le petit-déjeuner   12 h 30: le déjeuner   16 h: le goûter   20 h: le dîner

le transat [lətʀɑ̃zat]	der Liegestuhl	L'été, je suis toujours sur mon **transat**.
comme d'habitude [kɔmdabityd]	wie gewöhnlich	J'ai mis mon livre dans mon sac, **comme d'habitude**.
le hamac [ləamak]	die Hängematte	J'adore me coucher dans mon **hamac**.
le client / la cliente [ləklijã/laklijãt]	der Kunde / die Kundin	Il y a beaucoup de **clients** dans le magasin.
la capsule [lakapsyl]	der Kronkorken, der Deckel	Je veux fermer mon coca: où est la **capsule**?
le ballon [ləbalɔ̃]	der Luftballon, *auch:* der Ball	Francis a apporté son **ballon** de basket.
gonfler qc [gɔ̃fle]	etw. aufblasen	Papa, tu peux **gonfler** mon ballon, s'il te plaît?
lâcher qc [laʃe]	etw. loslassen	Tu ne **lâches** pas la bouteille, d'accord?
foncer sur qn/qc [fɔ̃sesyʀ]	auf jdn/etw. zurasen	❗ nous fonçons ❗ j'ai foncé

pousser qn/qc [puse]	jdn/etw. stoßen	Il a **poussé** les gens pour monter dans le bus.
crier [kʀije]	schreien	Pourquoi est-ce que tu **cries** comme ça?
glisser [glise]	rutschen, ausrutschen	**!** j'ai glissé
furieux/furieuse (contre qn) [fyʀjø/fyʀjøz] *adj.*	wütend (auf jdn)	🇬🇧 furious
au milieu de qc [omiljødə]	in der Mitte von etw.	Le toboggan est **au milieu du** parc.

Unité 4 | D

p.72

à l'appareil [alapaʀɛj]	am Apparat	Bonjour, c'est Marion Roi **à l'appareil**.
pour le moment [puʀləmɔmɑ̃]	im Augenblick	Je n'ai pas de portable **pour le moment**.
C'est à quel sujet? [sɛtakɛlsyʒɛ]	Worum geht es?	– Je voudrais parler à Madame Ali. – Oui, bien sûr. **C'est à quel sujet?**
c'est pour ... [sɛpuʀ]	es ist wegen ...	Je peux parler à Jessica? **C'est pour** la fête de ce soir.

le CV (le curriculum vitae) [ləseve]	der Lebenslauf	J'ai donné mon **CV** au chef.
plusieurs [plyzjœʀ] *m./f. pl.*	mehrere	Nous restons pendant **plusieurs** jours.
la langue [lalɑ̃g]	die Sprache, *auch:* die Zunge	🇬🇧 language
pas mal de [pɑmaldə] *fam.*	nicht wenige, einige	Lucien a gagné **pas mal de** matchs.
louer qc [lwe]	etw. mieten	→ la location
savoir qc [savwaʀ]	etw. wissen, etw. können ▶Verbes, p. 140	Madame Lac **sait** parler anglais.

Je sais jouer au volley mais aujourd'hui je ne peux pas.

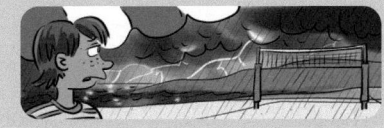

réparer qc [ʀepaʀe]	etw. reparieren	Papy, tu peux **réparer** la radio?
le pneu [ləpnø]	der Reifen	Il faut changer **le pneu** du vélo.
crevé/crevée [kʀəve] *adj.*	geplatzt	Je répare un pneu **crevé**.

| laisser qc [lese] | etw. lassen, *hier:* (eine Nachricht) hinterlassen | Je peux **laisser** un message? |
| rappeler qn [ʀapəle] | jdn zurückrufen | **❗** je rappelle |

Trainiere die *Version* (Übersetzung D → F) mit dem zu *Unité 4* passenden Übersetzungstext, S. 133 in deinem Buch.

Unité 5 | Approches

p. 80

la Loire [lalwaʀ]	*Fluss in Frankreich* ▶ Civ., p. 135	On habite près de **la Loire**.
à vélo [avelo]	mit dem Fahrrad	Maud va au collège **à vélo**.
en route [ãʀut]	*hier:* auf dem Weg	On va à la fête! On peut acheter les boissons **en route**.
vers [vɛʀ]	in Richtung, nach *(Ort)*	Nous allons **vers** Paris.
le nord [lənɔʀ]	der Norden	L'Auvergne se trouve au **nord** de Montpellier.
le sud [ləsyd]	der Süden	Orléans se trouve au **sud** de Paris.
l'ouest [lwɛst] *m.*	der Westen	Paris est à l'**ouest** de Strasbourg.

l'est [lɛst] *m.*	der Osten	Le Louvre est à **l'est** de la tour Eiffel.
au bord de qc [obɔʁdə]	am Ufer von etw.	Ils font une promenade **au bord de** la Loire.
sportif/sportive [spɔʁtif/spɔʁtiv] *adj.*	sportlich	→ le sport
le château / ❗ les châteaux [ləʃato/leʃato]	das Schloss ▶Civilisation, p.134	**Les châteaux** de la Loire sont très célèbres.
Dry [dʁi]	*kleine Stadt an der Loire bei Orléans*	Mes cousins habitent à **Dry**.
se trouver [sətʁuve]	sich befinden, liegen ▶Verbe pronominal, p.139	La boulangerie **se trouve** à côté du café.

se trouver

au nord

à l'ouest — ✦ — à l'est

au sud

Orléans [ɔʁleã]	*Stadt an der Loire*	Les musées à **Orléans** sont intéressants.

actif/active [aktif/aktiv] *adj.*	aktiv	C'est un week-end **actif**: on fait du VTT.
monter qc [mɔ̃te]	*hier:* etw. aufbauen	Je ne sais pas **monter** une tente.

J'ai **monté** la tente.
Ich **habe** das Zelt **aufgebaut**.

Maëva **est montée** dans le bus.
Maëva **ist** in den Bus **eingestiegen**.

la frangine [lafʀɑ̃ʒin] *fam.*	die Schwester	= la sœur
le fleuve [ləflœv]	der Fluss	La Seine est **le fleuve** qui traverse Paris.
Nevers [nəvɛʀ]	*Stadt an der Loire*	**Nevers** est à 300 kilomètres de Paris.
Saint-Nazaire [sɛ̃nazɛʀ]	*Hafenstadt an der Loiremündung*	On a fait du vélo jusqu'à **Saint-Nazaire**.

p.81

| la côte atlantique [lakotatlãtik] | die Atlantikküste | On passe nos vacances sur **la côte atlantique**. |
| le département [ledepartemã] | das Département *Es gibt 101 départements in Frankreich und in Übersee.* | J'habite dans **le département** de l'Ardèche. |

Unité 5 | A

2 **voler qc** [vɔle]	etw. stehlen	Quelqu'un a **volé** le vélo d'Agnès.
le sac à dos [ləsakado]	der Rucksack	Tu as fait ton **sac à dos** pour le voyage?
Blois [blwa]	*Stadt an der Loire*	Le château de **Blois** est très joli.
Saint-Laurent-Nouan [sɛ̃lorãnuã]	*kleine Stadt an der Loire bei Orléans*	**Saint-Laurent-Nouan** est une petite ville.
la centrale nucléaire [lasãtralnykleɛr]	das Atomkraftwerk	Le club Écologie s'engage contre les **centrales nucléaires**.
vers [vɛr]	*hier:* gegen *bei Zeitangaben*	J'arrive chez toi **vers** 18 heures.

Amboise [ãbwaz]	*Stadt an der Loire*	Nous avons visité le château d'**Amboise**.
le feu d'artifice / ❗ **les feux d'artifice** [ləfødaʀtifis/lefødaʀtifis]	das Feuerwerk	**Le feu d'artifice** du 14 juillet était formidable!
beaucoup de monde [bokudəmɔ̃d]	viele Leute	Il y a **beaucoup de monde** à la fête.
le type [lətip]	der Typ	Tu connais **le type** avec le pull bleu?
bizarre [bizaʀ] *m./f. adj.*	merkwürdig	C'est **bizarre**, je ne trouve plus mon sac.
costaud [kɔsto] *m./f. adj.*	kräftig	Mon frère est sportif et **costaud**.
la carte d'identité [lakaʀtdidãtite]	der Personalausweis	Il faut ta **carte d'identité** pour aller en France.
le porte-monnaie [ləpɔʀtmɔnɛ]	das Portemonnaie	J'ai 50 euros dans mon **porte-monnaie**.
le couteau / ❗ **les couteaux** [ləkuto/lekuto]	das Messer	Amir a mis **les couteaux** sur la table.
l'opinel [lɔpinɛl] *m.*	das Opinel-Klappmesser	J'adore mon nouvel **opinel**.

| le commissariat [ləkɔmisaʀja] | das Polizeirevier | Où se trouve **le commissariat**? |

Wenn du nach Frankreich fährst, musst du dir diese Notrufnummern merken:
la police **17**
les pompiers (= die Feuerwehr) **18**
le SAMU (le Service d'Aide Médicale Urgente = der medizinische Notdienst) **15**
Du kannst auch die europäische Notrufnummer wählen: **112**

faire une déclaration [fɛʀyndeklaʀasjɔ̃]	eine Anzeige erstatten	J'ai dû **faire une déclaration** parce qu'on a volé mon sac.
décrire qn/qc [dekʀiʀ]	jdn/etw. beschreiben ▸Verbe (comme écrire), p. 140	Zélie **décrit** son copain dans son e-mail.
le voleur / la voleuse [ləvɔlœʀ/lavɔløz]	der Dieb / die Diebin	→ voler

Unité 5 | B

| 84 | **Angers** [ɑ̃ʒe] | *Stadt an der Loire* | Tu es déjà allé à **Angers**? |

la pluie [laplɥi]	der Regen	On a fait une promenade sous **la pluie**.
il pleut [ilplø]	es regnet	**Il pleut** souvent ici en hiver.

Quel temps fait-il? Wie ist das Wetter?

Il fait beau. Il fait chaud. Il fait froid. Il fait moins de 20 degrés. Il neige. Il pleut. Il y a du soleil. Il y a du vent.

J'en ai marre. [ʒɑ̃nɛmaʀ] *fam.*	Mir reicht's. / Ich habe echt genug.	On a toujours plein de devoirs. **J'en ai marre!**
sec/sèche [sɛk/sɛʃ] *adj.*	trocken	Le jardin est très **sec** en août.
le sac de couchage [ləsakdəkuʃaʒ]	der Schlafsack	Tu as ton **sac de couchage** pour le camping?
trempé/trempée [tʀɑ̃pe] *adj.*	durchnässt	Sam est **trempé** parce qu'il pleut.
complet/complète [kɔ̃plɛ/kɔ̃plɛt] *adj.*	*hier:* ausgebucht, voll	Zut! L'hôtel est **complet** pour ce soir.

| boire qc [bwaʀ] | etw. trinken ▶Verbes, p. 139 | → la boisson |
| le chocolat (chaud) [ləʃɔkɔla(ʃo)] | die (heiße) Schokolade | J'adore boire du **chocolat chaud**. |

Unité 5 | C

6 réussir qc [ʀeysiʀ]	etw. schaffen ▶Verbe en -ir (comme finir), p. 138	Hier, j'ai **réussi** mon examen.
incroyable [ɛ̃kʀwajabl] *m./f. adj.*	unglaublich	→ croire
emprunter qc [ɑ̃pʀɛ̃te]	etw. ausleihen	J'**emprunte** des livres à la médiathèque.
la main [lamɛ̃]	die Hand	Prends ma **main** pour traverser la rue.
Il/Elle est à (moi). [il/ɛlɛtamwa]	Er/Sie/Es gehört (mir).	Le sac à dos, **il est à moi**.
le marché aux puces [ləmaʀʃeopys]	der Flohmarkt	J'ai acheté cette jolie table au **marché aux puces**.

Nantes [nɑ̃t]	*Stadt an der Loiremündung*	**Nantes** se trouve près de la côte atlantique.
payer qc [peje]	etw. bezahlen, etw. zahlen	❗ je paie / je paye 🇬🇧 (to) pay

Un homme demande à un chauffeur de taxi:
- Combien ça coûte pour aller à l'aéroport?
- 45 euros.
- Et il faut payer pour le sac à dos?
- Non, c'est gratuit.
- Très bien, je vais prendre le bus. Apportez le sac à dos à l'aéroport à 14 heures.

inventer qc [ɛ̃vɑ̃te]	etw. erfinden	🇬🇧 (to) invent
vrai/vraie [vʁɛ] *adj.*	wahr, richtig, echt	C'est **vrai**: je n'ai pas fait mes devoirs.
redonner qc à qn [ʁədɔne]	jdm etw. zurückgeben	Hier, Enora a **redonné** la bédé à Max.

Um „wieder-" oder „zurück-" auszudrücken, haben einige Verben die Vorsilbe *re-/r-*:

– Qu'est-ce que tu as trouvé?
– J'ai **re**trouvé ma clé.
Ich habe meinen Schlüssel wiedergefunden.

– Est-ce qu'Olivier a appelé?
– Oui, je le **r**appelle plus tard.
Ich rufe ihn später zurück.

tout de suite [tudsɥit]	sofort	Tu rentres **tout de suite**?

Unité 5 | D

l'objet [lɔbʒɛ] *m.*	das Objekt, *hier:* der Betreff E-Mail	Pour **l'objet** de l'e-mail, tu peux écrire «Écologie».
l'invitation [lɛ̃vitasjɔ̃] *f.*	die Einladung	→ inviter 🇬🇧 invitation
il y a [ilja]	vor *zeitlich*	Mon frère est arrivé **il y a** dix jours.
crevé/crevée [kʀəve] *adj. fam.*	*hier:* erschöpft	Après ce match, Zoé est **crevée**.
heureusement [øʀøzmɑ̃] *adv.*	glücklicherweise	→ heureux/heureuse ≠ malheureusement

normalement [nɔʀmalmã] *adv.*	normalerweise	→ normal/normale
probablement [pʀɔbabləmã] *adv.*	wahrscheinlich	🇬🇧 probably
quelques [kɛlkə] *m./f. pl.* + nom	einige, ein paar + *Nomen*	J'ai invité **quelques** amis à la fête.
on pourrait [ɔ̃puʀɛ]	wir könnten, man könnte	**On pourrait** préparer une salade de fruits.

Trainiere die *Version* (Übersetzung F → D) mit dem zu *Unité 5* passenden Übersetzungstext, S. 133 in deinem Buch.

Unité 6 | Approches

p. 92 **le visage** [ləvizaʒ] | das Gesicht | Je n'aime pas parler au téléphone parce qu'on ne voit pas **le visage** des gens.

la Belgique [labɛlʒik] | Belgien ▶Civilisation, p. 134 | **La Belgique** se trouve à l'est de la France.

le néerlandais [ləneɛʀlɑ̃dɛ]	Niederländisch	Mon cousin apprend **le néerlandais**.
le dialecte [lədjalɛkt]	der Dialekt	Dans ma région, on parle **un dialecte**.
certain/certaine [sɛʀtɛ̃/sɛʀtɛn]	bestimmter/bestimmte/bestimmtes	**Certaines** bédés ne me plaisent pas.
le/la chocolatier/chocolatière [ʃokolatje/ʃokolatjɛʀ]	der/die Schokoladenhersteller/Schokoladenherstellerin	Les **chocolatiers** belges sont célèbres.
connu/connue [kɔny]	bekannt/bekannte	→ connaître
le monde entier [ləmɔ̃dɑ̃tje]	die ganze Welt	Ce groupe fait des concerts dans **le monde entier**.
belge [bɛlʒ] *m./f. adj.*	belgisch	Ma corres **belge** parle français.
la forêt [lafɔʀɛ]	der Wald	🇬🇧 forest
le Québec [ləkebɛk]	Québec *französischsprachige Provinz in Kanada* ▶Civilisation, p. 135	Au **Québec**, on parle français et anglais.
le Canada [ləkanada]	Kanada	Le Québec est une région du **Canada**.
le gratte-ciel [ləgʀatsjɛl]	der Wolkenkratzer	Je n'aime pas les **gratte-ciels**!

il neige [ilnɛʒ]	es schneit	Regarde dehors, **il neige**!
le degré [lədəgʀe]	das Grad *Temperaturangabe*	À Montréal, il fait -20 **degrés** en hiver.
la Tunisie [latynizi]	Tunesien ▶Civilisation, p. 135	On a fêté l'Aïd-el-Fitr en **Tunisie**.
l'arabe [laʀab] *m.*	Arabisch	J'apprends **l'arabe** depuis septembre.
européen/européenne [øʀopeɛ̃/øʀopeɛn]	europäisch	→ Europe
la mosquée [lamɔske]	die Moschee	Hier, Hamid est allé à la **mosquée**.
le centre-ville [ləsãtʀvil]	die Innenstadt, das Stadtzentrum	Est-ce que le collège est dans le **centre-ville**?
connaître qc comme sa poche [kɔnɛtʀkɛlkəʃoz kɔmsapɔʃ]	etw. wie seine Westentasche kennen	Je **connais** la ville **comme ma poche**.
le Sénégal [ləsenegal]	Senegal ▶Civilisation, p. 135	Nous partons en vacances au **Sénégal**.
le/la Belge [lə/labɛlʒ]	der Belgier / die Belgierin	→ la Belgique

p. 93

la Belgique
le wallon [ləwalɔ̃] Wallonisch *Dialekt in Belgien*
Liège [ljɛʒ] Lüttich *Stadt in Belgien*
Dinant [dinɑ̃] *Stadt in Belgien*
l'Ardenne belge [laʀdɛnbɛlʒ] die belgischen Ardennen *Landschaft in Belgien*
le Québec
Montréal [mɔ̃ʀeal] *größte Stadt Québecs*
le Sénégal
Dakar [dakaʀ] *Hauptstadt vom Senegal*
la Tunisie
Kairouan [kɛʀuɑ̃] *Stadt in Tunesien*

Dinant

Unité 6 | A

4 **le lecteur / la lectrice** [ləlɛktœʀ/lalɛktʀis]	der Leser / die Leserin	→ lire
la moule [lamul]	die Miesmuschel	Les **moules**, c'est mon plat préféré.
la cathédrale [lakatedʀal]	die Kathedrale, der Dom	Les élèves ont visité la cathédrale de Nantes.

la mairie [lamɛʀi]	das Rathaus	Liam va changer sa carte d'identité à **la mairie**.
il s'agit de qc [ilsaʒidə]	es handelt sich um etw.	**Il s'agit d'**une chanson de Stromae.
la fontaine [lafɔ̃tɛn]	der Brunnen	🇬🇧 fountain
le symbole [ləsɛ̃bɔl]	das Symbol	La mosquée est **le symbole** de ma ville.
presque [pʀɛsk]	fast	J'ai **presque** fini mes devoirs.
la poire [lapwaʀ]	die Birne	J'ai acheté des pommes et des **poires**.
délicieux/délicieuse [delisjø/delisjøz] *adj.*	köstlich	Ce gâteau est **délicieux**!
sucré/sucrée [sykʀe] *adj.*	süß *Essen*	→ le sucre
goûter qc [gute]	etw. probieren, etw. kosten *Essen*	→ le goûter
l'auteur [lotœʀ] *m./f.*	der Schriftsteller / die Schriftstellerin	Maëlle est **auteur** de livres pour enfants.
ressembler à qn/qc [ʀəsɑ̃ble]	jdm/etw. ähnlich sein, jdm/etw. ähneln	❗ j'**ai** ressemblé
la marionnette [lamaʀjɔnɛt]	die Marionette	Il y a un spectacle de **marionnettes**.

géant/géante [ʒeɑ̃/ʒeɑ̃t] *adj.*	riesig, gigantisch	🇬🇧 giant
envoyer qc à qn [ɑ̃vwaje]	jdm etw. schicken	❗ j'envoie/j'envoye

la Belgique
la cathédrale Saint-Paul [lakatedʀalsɛ̃pɔl] *Dom in Liège*
le Perron [ləpeʀɔ̃] *Brunnen auf dem Marktplatz in Liège,*
Symbol der Gerechtigkeit
la Batte [labat] *Markt in Liège*
le sirop de Liège [ləsiʀodəljɛʒ] Birnen-Apfelkraut *Spezialität aus Liège*
la fricassée liégeoise [lafʀikaseljɛʒwaz] Wurst mit Eiern *belgisches*
Gericht
Louvain [luvɛ̃] *Stadt in Belgien*
Hergé [ɛʀʒe] *Zeichner und Autor von Tintin*
la fête de Sainte-Marie [lafɛtdəsɛ̃tmaʀi] *Fest in Liège am 15. August*
le Tchantchès [lətʃɛ̃tʃɛs] *Marionette aus Liège*
le betch [ləbɛtʃ] der Kuss *auf Wallonisch*

la cathédrale Saint-Paul

Unité 6 | B

6 **Je ne m'en souviens pas.** [ʒənəmɑ̃suvjɛ̃pa]	Ich erinnere mich nicht (daran).	C'est quand la fête de Zoé? **Je ne m'en souviens pas.**

personne ne [pɛʀsɔnə] + *verbe*	niemand	**Personne ne** comprend mes problèmes.
Ça m'a l'air intéressant. [samalɛʀɛ̃teʀesɑ̃]	Das klingt gut.	Tu veux aller au cinéma? **Ça m'a l'air intéressant.**
réserver qc [ʀesɛʀve]	etw. reservieren	Je vais **réserver** une table pour six au «Sucre bleu».
le billet [ləbijɛ]	die Eintrittskarte	Mon père m'a donné deux **billets** pour le match de foot.
Ça marche. [samaʀʃ]	Das geht klar.	Tu veux venir avec nous? **Ça marche.**
rien ne [ʀjɛ̃nə] + *verbe*	nichts	**Rien ne** va changer l'année prochaine.
remplacer qn/qc [ʀɑ̃plase]	jdn/etw. ersetzen	❗ nous remplaçons
la tarte [lataʀt]	der Kuchen *runder Kuchen mit flachem Boden und süßem oder herzhaftem Belag*	

revenir [Rəvniʀ]	zurückkommen ▶Verbes, p. 141	Quand est-ce que tu **reviens** de Bruxelles?
en [ã]	*ungefähr:* davon, von dort *meist unübersetzbar*	– Il est en Afrique? – Oui, mais il **en** revient demain.

– **Est-ce que vous aviez une radio à la maison autrefois?**
– Hattet ihr damals ein Radio zu Hause?
– **Oui, tout le monde en avait une.**
– Ja, alle hatten eins.

– **Est-ce que tu veux encore des spaghettis?**
– Möchtest du noch Spaghetti?
– **Non merci, je n'en veux plus.**
– Nein danke, ich möchte keine mehr.

Il est parti à Paris pour les vacances et il n'en est jamais revenu.
Er ist nach Paris gefahren, um dort Urlaub zu machen, und er ist nie zurückgekommen.

Ça sent bon! [sasãbõ]	Das riecht gut!	Vous faites une quiche? **Ça sent bon!**
Je meurs de faim. [ʒəmœʀdəfɛ̃]	Ich sterbe vor Hunger.	À quelle heure est-ce qu'on mange? **Je meurs de faim.**
la salade liégeoise [lasaladljeʒwaz]	*belgische Spezialität; Salat aus grünen Bohnen, Kartoffeln und Speckwürfeln*	Chez mon grand-père, il y a toujours de **la salade liégeoise.**
les boulettes à la liégoise [ləbulɛtalaljeʒwaz]	*belgische Spezialität; Fleischbällchen mit Soße, traditionell mit Pommes frites serviert*	Tu n'aimes pas les **boulettes à la liégeoise**?
il reste [ilʀɛst]	es sind ... übrig	**Il reste** encore des frites. Tu en veux?
reprendre qc [ʀəpʀãdʀə]	etw. nachnehmen	→ prendre
la carafe d'eau [lakarafdo]	Wasserkaraffe	Cette **carafe** d'eau est jolie!
racheter qc [raʃəte]	wieder/nochmal kaufen	→ acheter
la gaufre [lagofʀ]	die Waffel	Mon frère a mangé six **gaufres**!

l'office de tourisme [lɔfisdətuʀism] *m.*	die Touristeninformation	Je prends un plan de la ville à **l'office de tourisme**.
voyager [vwajaʒe]	reisen	❗ nous voyag**e**ons ❗ j'ai voyagé → le voyage
photographier qn/qc [fɔtɔgʀafje]	jdn/etw. fotografieren	→ la photo
rater qc [ʀate]	etw. verpassen	Zut! Je viens de **rater** mon bus!
le pont de corde [ləpɔ̃dəkɔʀd]	die Seilbrücke	Je n'aime pas **les ponts de corde**.
magnifique [maɲifik] *m./f. adj.*	wunderschön	🇬🇧 magnificent
l'automne [lɔtɔn] *m.*	der Herbst	**L'automne**, c'est ma saison préférée.

le printemps   l'été   l'automne   l'hiver

au-dessus de [odəsydə] *adv.*	über	Maya habite **au-dessus** de chez nous.
le sol [ləsɔl]	der Boden	On a dormi sur **le sol**.
la vue [lavy]	die Aussicht	→ voir qn/qc 🇬🇧 view
le paysage [ləpeizaʒ]	die Landschaft	Le **paysage** en Provence est très beau.
le/la cycliste de route [ləsiklist]	der/die Straßenradrennfahrer/in	Mon grand-père était **cycliste** de route.
profiter de qc [pʀɔfitedə]	etw. genießen, von etw. profitieren	Il faut **profiter** du soleil.
applaudir (qn) [aplodiʀ]	jdm applaudieren, klatschen ▶Verbe en -ir (comme finir), p. 138	Le concert était génial: on a beaucoup **applaudi**.
la modernité [lamodɛrnite]	die Moderne	→ moderne
la tradition [latʀadisjɔ̃]	die Tradition	→ traditionnel/traditionnelle
ça vaut la peine de faire qc [savolapɛnə]	es lohnt sich, etw. zu tun	**Ça vaut la peine de** visiter le Louvre!

| partir en découverte [paʀtiʀɑ̃dekuvɛʀt] | auf Entdeckungsreise gehen | → découvrir |

Trainiere die *Version* (Übersetzung F → D) mit dem zu *Unité 6* passenden Übersetzungstext, S. 133 in deinem Buch.

Module 5 ▶ Wortschatz obligatorisch

la voile [lavwal]	das Segeln Sportart	
les lacs de l'Eau d'Heure [lelakdəlodœʀ] *m. pl.*	*Seen in der belgischen Region Wallonien*	
le char à voile [ləʃaʀavwal]	das Strandsegeln	Lara est dans un club de **char à voile**.
si [si]	wenn, falls	**Si** tu fais du sport, tu te sentiras mieux.
le bouchon [ləbuʃɔ̃]	der Stau	À la rentrée, il y a des **bouchons** partout.

le temps de chien [lətɑ̃dəʃjɛ̃] *fam.*	Sauwetter, Schmuddelwetter	Ah, non, regarde! Quel **temps de chien**!
s'inquiéter [sɛ̃kjete]	sich sorgen	Ne **t'inquiètes** pas! Tout va bien!
durer [dyʀe]	dauern	Le stage **dure** deux mois.
se baigner [səbeɲe]	baden ▶Verbe pronominal, p. 139	On va **se baigner**, tu viens avec nous?
le lendemain [ləlɑ̃dəmɛ̃]	der folgende Tag	→ demain
le parc d'attraction [ləpaʀkdatʀaksjɔ̃]	der Freizeitpark	Ce week-end, on va au **parc d'attraction**!
mauvais/mauvaise [movɛ/movɛz]	schlecht	Ce temps est vraiment **mauvais**: il pleut depuis quatre jours!
les moules frites [mulfʀit] *f. pl.*	*Miesmuscheln mit Pommes frites*	

la balade [balad]	der Spaziergang	Mes parents adorent faire des **balades** dans la forêt.
la carte postale [lakaʀtpɔstal]	die Postkarte	J'ai envoyé **une carte postale** à mon père.
la Wallonie [walɔni]	Wallonien *Region in Belgien*	**La Wallonie** est super pour faire des vacances.
ultra [yltʀa]	ultra, extrem	J'ai **ultra** faim!
bronzé/bronzée [bʀɔ̃ze]	sonnengebräunt	En été, Alexis était **bronzé**.

Inhaltsverzeichnis *Les mots pour le dire*

Les mots pour le dire

1 Se présenter | Sich vorstellen

Je m'appelle (Nicolas).	Ich heiße (Nicolas).
J'ai les yeux (verts) et les cheveux (noirs).	Ich habe (grüne) Augen und (schwarze) Haare.
J'ai (15) ans.	Ich bin (15) Jahre alt.
J'adore mettre (des vêtements noirs).	Ich ziehe sehr gern (schwarze Kleidung) an.
J'adore porter (des fringues à la mode).	Ich trage sehr gern (modische Klamotten).
J'ai un frère / une sœur.	Ich habe einen Bruder / eine Schwester.
Mon père est (prof).	Mein Vater ist (Lehrer).
Ma mère travaille dans (une librairie).	Meine Mutter arbeitet in (einer Buchhandlung).
J'habite à (Paris).	Ich wohne in (Paris).
é1 Je me sens bien dans mon quartier.	Ich fühle mich in meinem Viertel wohl.
Je suis content(e) d'habiter ici.	Ich bin froh, hier zu wohnen.
(Le Parkour), c'est ma passion.	(Parkour) ist meine Leidenschaft.
Mon hobby, c'est (l'escalade).	Mein Hobby ist (klettern).
é6 Je viens de (Marseille).	Ich komme aus (Marseille).
D'où est-ce que tu viens?	Woher kommst du?

Où est-ce que tu habites?	Wo wohnst du?
Est-ce que tu parles (arabe)?	Sprichst du (Arabisch)?
Quelles sont les spécialités dans ton pays?	Was sind die Spezialitäten deines Landes?

2 Décrire sa journée | Seinen Tag beschreiben

Le matin, je me réveille à (7 heures 30).	Morgens wache ich um (7 Uhr 30) auf.
Je me lève à (8) heures.	Ich stehe um (8) Uhr auf.
Le soir, je me couche à (10) heures.	Ich gehe um (10) Uhr abends ins Bett.
D'abord, je me douche.	Zuerst dusche ich.
Puis, je m'habille.	Dann ziehe ich mich an.
Je me coiffe.	Ich kämme mich.
Je me maquille.	Ich schminke mich.
Au petit-déjeuner, je mange (une tartine).	Zum Frühstück esse ich (ein belegtes Brot).
À midi, je mange (à la cantine / à la maison).	Mittags esse ich (in der Kantine / zu Hause).

3 Parler d'activités et de préférences | Über Vorlieben/Abneigungen sprechen

Je fais (de la natation).	Ich (schwimme).
Je prends des cours de (piano).	Ich nehme (Klavier-)Unterricht.
Je joue (de la guitare).	Ich spiele (Gitarre).

J'ai commencé à (6) ans.	Ich habe mit (6) Jahren angefangen.
(Le rugby), c'est un super sport d'équipe.	(Rugby) ist ein toller Mannschaftssport.
J'ai (deux) heures d'entraînement (par semaine).	Ich habe (zwei) Stunden Training (pro Woche).
Qu'est-ce que tu aimes faire avec ta famille / tes amis?	Was machst du gern mit deiner Familie / deinen Freunden?
J'aime jouer (au foot) avec (ma cousine).	Ich spiele gern (Fußball) mit (meiner Cousine).
J'adore aller (à la piscine) avec (mes parents).	Ich gehe sehr gerne mit (meinen Eltern) (ins Schwimmbad).
J'aime beaucoup aller (à la plage) avec (mes copains) parce qu'on peut (jouer au volley).	Ich gehe sehr gerne mit (meinen Freunden) (an den Strand), weil wir dort (Volleyball spielen) können.
Je préfère (manger en famille).	Ich esse lieber (mit meiner Familie).
J'aime / J'adore (dessiner).	Ich (zeichne) gern / sehr gern.
Je n'aime pas / Je déteste (les séries).	Ich mag (Serien) nicht. / Ich hasse (Serien).
(Une histoire d'amitié), ça m'intéresse.	(Eine Liebesgeschichte) interessiert mich.
Et vous, ça vous intéresse aussi?	Und ihr, interessiert euch das auch?
Ça ne m'intéresse pas du tout.	Das interessiert mich überhaupt nicht.
Ça/Il/Elle (ne) me plaît (pas).	Das/Er/Sie gefällt mir (nicht).
En général, (les histoires de filles) ne me plaisent pas trop.	Im Allgemeinen interessieren mich (Mädchengeschichten) nicht sehr.

Mon (acteur préféré / actrice préférée), c'est (Dany Boon / Audrey Tautou).	Mein/e (Lieblingsschauspieler/in) ist (Dany Boon / Audrey Tautou).
Je suis fan de (Bigflo & Oli).	Ich bin Fan von (Bigflo & Oli).
J'admire (Zaz).	Ich bewundere (Zaz).

4 Parler de ses émotions | Über seine Emotionen sprechen

J'ai des idées noires.	Ich habe trübsinnige Gedanken.
J'ai souvent peur.	Ich habe oft Angst.
Je me sens (bien).	Ich fühle mich (gut).
Je n'ai pas le moral.	Ich bin nicht gut drauf.
Je suis amoureux/amoureuse (d'elle / de lui).	Ich bin (in sie/ihn) verliebt.
Je suis fier/fière de (ma mère).	Ich bin stolz auf (meine Mutter).
Quand je suis malheureux/malheureuse/triste, (j'écoute de la musique).	Wenn ich unglücklich/traurig bin, (höre ich Musik)
Je suis heureux/heureuse/content(e) parce que (je peux parler avec toi).	Ich bin glücklich/froh, weil (ich mit dir reden kann).

Unité 2

5 Parler d'amitié | Über Freundschaft sprechen

2 (Yann), c'est mon meilleur ami. / (Élise) c'est ma meilleure amie.	(Yann) ist mein bester Freund. / (Élise) ist meine beste Freundin.
Je le/la connais depuis (huit) ans.	Ich kenne ihn/sie seit (acht) Jahren.
J'ai connu (Xavier) à la maternelle.	Ich habe (Xavier) im Kindergarten kennengelernt.
Pour moi, un meilleur ami, c'est quelqu'un que je comprends et qui comprend mes problèmes.	Für mich ist ein bester Freund jemand, den ich verstehe und der meine Probleme versteht.
On est pareils/pareilles.	Wir sind gleich.
On est différents/différentes.	Wir sind verschieden.
Il/Elle est toujours là pour moi.	Er/Sie ist immer für mich da.
On se dit tout et on partage tout.	Wir sagen uns alles und wir teilen alles.
On n'a pas de secrets l'un / l'une pour l'autre.	Wir haben keine Geheimnisse voreinander.
J'ai confiance en lui/elle.	Ich vertraue ihm/ihr.
Il/Elle me remonte le moral.	Er/Sie vertreibt meine schlechte Laune.
J'admire (mon meilleur ami / ma meilleure amie) parce qu'il est bon / elle est bonne en (sport).	Ich bewundere (meinen besten Freund / meine beste Freundin), weil er/sie gut in (Sport) ist.

6 Expliquer le système scolaire | Das Schulsystem erklären

Unité 3 Le brevet est un examen que tous les élèves passent à la fin de la troisième. | Das *brevet* ist die Abschlussprüfung, die alle Schüler am Ende der *troisième* machen.

En France, on peut aller au lycée professionnel ou en apprentissage après le brevet. | In Frankreich kann man nach dem *brevet* auf ein berufliches Gymnasium gehen oder eine Ausbildung machen.

La (7. Klasse) en Allemagne est la même chose que la (cinquième) en France. | Die (7. Klasse) in Deutschland entspricht der (*cinquième*) in Frankreich.

7 Comparer | Vergleichen

(En Allemagne), les élèves sont aussi (sympa) qu'(en France). | (In Deutschland) sind die Schüler genauso (nett) wie (in Frankreich).

Le cours de (français) est (plus intéressant) que le cours d'(histoire-géo). | Der (Französisch-)Unterricht ist (interessanter) als der (Geschichte-Erdkunde-)Unterricht.

Ils ont moins d'(heures de cours) que nous. | Sie haben weniger (Unterrichtsstunden) als wir.

8 Décrire sa vie au collège | Seinen Schulalltag beschreiben

J'ai un emploi du temps (assez lourd).	Mein Stundenplan ist (ziemlich voll).
Je suis en (troisième).	Ich bin in der (9. Klasse).
On termine les cours à (5) heures.	Wir haben um (5) Uhr Schulschluss.
Les cours commencent trop tôt.	Der Unterricht beginnt zu früh.
Les profs (ne) sont (pas) sévères.	Die Lehrer/Lehrerinnen sind (nicht) streng.
En cours d'(allemand), on travaille souvent en groupe.	Im (Deutsch-)Unterricht arbeiten wir oft in Gruppen.
Il n'y a pas de (surveillants) dans notre collège.	Wir haben in unserer Schule keine (Aufsichtspersonen).
Je bosse beaucoup parce que je prépare le brevet.	Ich lerne viel, weil ich mich auf die Abschlussprüfung vorbereite.
L'année prochaine, je vais aller au lycée professionnel.	Nächstes Jahr gehe ich auf das berufliche Gymnasium.
Je passe bientôt un examen.	Ich habe bald eine Prüfung.
J'ai un bon niveau en (anglais).	Ich habe in (Englisch) ein gutes Niveau.
Plus tard, je voudrais devenir (éducateur/éducatrice).	Später möchte ich (Erzieher/Erzieherin) werden.

9 Parler d'un job d'été / d'un stage | Über einen Job / ein Praktikum sprechen

L'avantage de mon job d'été, c'est que (je suis à la plage).	Der Vorteil meines Ferienjobs ist, dass (ich am Strand bin).
Par contre, (on ne gagne pas beaucoup).	Jedoch (verdient man nicht viel).
J'ai voulu faire un stage (dans un garage).	Ich wollte ein Praktikum (in einer Autowerkstatt) machen.
J'adore (les enfants). C'est pourquoi j'ai fait un stage (dans une colonie de vacances).	Ich mag (Kinder) sehr. Deshalb habe ich ein Praktikum (in einem Ferienlager) gemacht.
Une fois, (j'ai servi en salle).	Einmal (habe ich im Speisesaal serviert).
Malheureusement, (je ne me suis pas occupé(e) des animaux).	Leider (habe ich mich nicht um die Tiere gekümmert).
C'était une expérience géniale.	Es war eine tolle Erfahrung.
Le truc qui m'a vraiment plu: on a pu visiter le parc.	Die Sache, die mir wirklich gefallen hat: Wir konnten den Park besichtigen.
Travailler dans (un restaurant), c'est (dur) parce qu'on (travaille toujours le soir).	Es ist (hart) in (einem Restaurant) zu arbeiten, weil man (immer abends arbeitet).

10 Présenter sa ville / sa région | Seine Stadt / Seine Region vorstellen

Mon quartier / Ma ville est sympa.	Mein Viertel / Meine Stadt ist nett.
1 Je me sens bien dans (ma ville).	Ich fühle mich in (meiner Stadt) wohl.
J'aime (Munich) parce que c'est (top pour s'amuser).	Ich mag (München), weil man (da gut Spaß haben kann).
Je n'aime pas ma ville parce qu'(il n'y a pas de magasins).	Ich mag meine Stadt nicht, weil (es keine Läden gibt).
5 (Dry) est un joli petit village qui se trouve (à l'ouest) d'(Orléans).	(Dry) ist ein hübsches kleines Dorf, das sich (westlich) von (Orléans) befindet.
La région se trouve au (nord) de (Marseille).	Die Region befindet sich (nördlich) von (Marseille).
6 Mon endroit préféré, c'est (la Place du Marché).	Mein Lieblingsort ist (der Marktplatz).
En (Belgique), on fait (les meilleurs chocolats du monde).	In (Belgien) wird die beste Schokolade hergestellt.
À (Montréal), il fait (jusqu'à moins 40 degrés).	In (Montréal) ist es (bis zu minus 40 Grad kalt).
En (Tunisie), on parle (arabe).	In (Tunesien) spricht man (Arabisch).
Il y a un (château) célèbre dans ma ville.	In meiner Stadt gibt es ein berühmtes (Schloss).
La spécialité de ma région, c'est (le chocolat).	Die Spezialität meiner Region ist (Schokolade).
Le symbole de ma ville, c'est (la fontaine au centre-ville).	Das Symbol meiner Stadt ist (der Brunnen im Stadtzentrum).

Le monument le plus célèbre de ma ville, c'est (la cathédrale).	Die berühmteste Sehenswürdigkeit in meiner Stadt ist (der Dom).

11 Présenter un monument | Eine Sehenswürdigkeit vorstellen

Unité 1	Ce monument a été construit en (1806).	Dieses Denkmal wurde im Jahr (1806) gebaut.
	(7 millions) de touristes par an visitent (la tour Eiffel).	(7 Millionen) Touristen pro Jahr besichtigen (den Eiffelturm).
	C'est (la cathédrale) la plus célèbre de Paris.	Das ist die berühmteste (Kathedrale) in Paris.
	J'aimerais visiter ce monument parce que (son histoire est intéressante).	Ich möchte diese Sehenswürdigkeit besichtigen, weil (ihre Geschichte interessant ist).
	J'aimerais y aller parce que c'est très joli.	Ich möchte dort hingehen, weil es sehr hübsch ist.
Unité 5	(Le château d'Amboise) se trouve à (200) kilomètres au (sud) de (Paris).	(Das Schloss von Amboise) liegt (200) Kilometer (südlich) von (Paris).
	(Le roi François 1er) a habité dans ce château.	(König Franz I.) hat in diesem Schloss gewohnt.

12 Expliquer de quoi il s'agit | Umschreiben

Unité 6	Il s'agit d'(une fontaine) qui se trouve (au centre-ville).	Es handelt sich um (einen Brunnen), der sich (im Stadtzentrum) befindet.
	C'est un endroit où (on peut faire du shopping).	Es ist ein Ort, an dem (man shoppen gehen kann).

C'est une spécialité que (les gens mangent en Belgique).	Das ist eine Spezialität, die (die Leute in Belgien essen).
C'est comme (les Champs-Élysées).	Es ist wie (die Champs-Élysées).
C'est (une soupe) qu'on fait avec (du poisson).	Es ist (eine Suppe), die man mit (Fisch) macht.
(La cathédrale) ressemble à (un château).	(Der Dom) sieht aus wie (ein Schloss).

13 Parler d'autrefois | Über früher sprechen

À l'époque, on allait à l'école le samedi.	Damals gingen wir am Samstag zur Schule.
Quand j'étais petit/petite, j'allais à l'école dans le centre-ville.	Als ich klein war, bin ich im Stadtzentrum in die Schule gegangen.
Autrefois, mon grand-père jouait à la balle aux prisonniers pendant la récré.	Mein Großvater spielte früher in der Pause Völkerball.
Avant, (Frédéric) habitait à (Paris).	Früher hat (Frédéric) in (Paris) gewohnt.

14 Raconter une histoire au passé | Eine Geschichte in der Vergangenheit erzählen

Qu'est-ce qui s'est passé?	Was ist passiert?
C'était (super)!	Es war (super)!
La nuit était très belle. L'ambiance était super.	Die Nacht war sehr schön. Die Stimmung war super.
Il y avait beaucoup de monde.	Es waren viele Leute da.

Il était (grand et costaud).	Er war (groß und kräftig).
Hier, nous sommes arrivés (à la mer).	Gestern sind wir (am Meer) angekommen.
D'abord, on s'est retrouvés (en ville).	Zuerst haben wir uns (in der Stadt) getroffen.
Puis, j'ai visité (un château).	Dann habe ich (ein Schloss) besichtigt.
Après, nous sommes allés (au parc).	Nachher sind wir (in den Park) gegangen.
Le soir, on est rentrés (à la maison).	Abends sind wir zurück (nach Hause) gegangen.
Tout à coup, (le téléphone a sonné).	Plötzlich (hat das Telefon geklingelt).
J'étais dans ma chambre quand ma mère est arrivée à la maison.	Ich war in meinem Zimmer, als meine Mutter nach Hause gekommen ist.

15 Parler de musique | Über Musik sprechen

Unité 2 Je préfère les chansons de rap / de métal.	Ich bevorzuge Rap-/Metal-Songs.
C'est top pour danser.	Das ist toll zum Tanzen.
Je préfère la chanson de (Tiken Jah Fakoly) parce que j'aime (le refrain).	Ich mag das Lied von (Tiken Jah Fakoly) lieber, weil ich (den Refrain) mag.
J'adore la musique de (Bigflo & Oli) parce que c'est (joyeux).	Ich mag die Musik von (Bigflo & Oli) sehr gerne, weil sie (fröhlich) ist.
Je déteste cette chanson parce que c'est (triste).	Ich hasse dieses Lied, weil es (traurig) ist.
Je trouve que la chanson de (Louane) est (jolie).	Ich finde, dass das Lied von (Louane) (schön) ist.

À mon avis, le chanteur / la chanteuse chante (bien/mal).	Meiner Meinung nach, singt der Sänger / die Sängerin (gut/schlecht).

16 Parler d'engagement | Über Engagement sprechen

3 Agissons contre (la faim)!	Lasst uns etwas gegen (den Hunger) unternehmen!
On s'engage contre (la faim dans le monde).	Wir engagieren uns gegen (den Hunger in der Welt).
On s'engage pour (sauver la planète).	Wir engagieren uns für (die Rettung unseres Planeten).
Nous participons à (la course contre la faim).	Wir nehmen am (Lauf gegen den Hunger) teil.
On a trouvé un sponsor.	Wir haben einen Sponsor gefunden.
Nous avons choisi un projet (au Tchad).	Wir haben ein Projekt (im Tschad) ausgewählt.
Ne jetez plus (vos stylos) à la poubelle.	Werft (eure Kugelschreiber) nicht mehr in den Müll.

17 Parler d'Internet | Über das Internet sprechen

Qu'est-ce que tu fais sur Internet?	Was machst du im Internet?
J'utilise (très peu) Internet.	Ich nutze das Internet (sehr wenig).
Sur (mon blog), je montre (des photos).	In (meinem Blog) zeige ich (Fotos).
Je télécharge (ma musique préférée).	Ich lade (meine Lieblingsmusik) herunter.
Je ne donne jamais mon mot de passe.	Ich gebe niemals mein Passwort weiter.

18 Parler au téléphone | Telefonieren

Allô?	Hallo?
Bonjour, (Félix Jeunet) à l'appareil.	Guten Tag, (Félix Jeunet) am Apparat.
Je voudrais parler à (Monsieur Dugrand), s'il vous plaît.	Ich möchte bitte (Monsieur Dugrand) sprechen.
Oui, je vous le/la passe.	Ja, ich gebe ihn/sie Ihnen.
Il/Elle n'est pas là pour le moment.	Er/Sie ist im Augenblick nicht da.
C'est à quel sujet?	Worum geht es?
C'est pour (le stage dans votre entreprise).	Es ist wegen (des Praktikums in Ihrem Unternehmen).
Est-ce que je peux rappeler plus tard?	Kann ich später noch einmal anrufen?
Est-ce que je peux laisser un message?	Kann ich eine Nachricht hinterlassen?

19 Parler du temps | Über das Wetter sprechen

Quel temps fait-il?	Wie ist das Wetter?
J'écoute la météo.	Ich höre den Wetterbericht.
Combien de degrés est-ce qu'il fait (à Paris)?	Wie viel Grad sind es (in Paris)?
Il fait beau/chaud.	Es ist gutes Wetter / heiß.
Il (ne) fait (pas) froid.	Es ist (nicht) kalt.

Il fait 20 degrés.	Es sind 20 Grad.
Il neige. / Il pleut. / Il gèle.	Es schneit. / Es regnet. / Es friert.
Il y a du vent.	Es ist windig.
Il y avait du verglas.	Es war vereist.
Il y a du brouillard.	Es ist neblig.
Il y a des nuages (m. pl.).	Es ist bewölkt.
Il y a du soleil.	Die Sonne scheint.
Il va y avoir un orage.	Es wird ein Gewitter geben.
Il y a des éclairs (m. pl.).	Es blitzt.
Est-ce que tu as entendu ce tonnerre?	Hast du den Donner gehört?

20 Parler des fêtes et du week-end | Über Feste / die Wochenendgestaltung sprechen

C'est quand, ton anniversaire?	Wann hast du Geburtstag?
Mon anniversaire, c'est le (21 mars).	Mein Geburtstag ist am (21. März).
Je voudrais (organiser une fête).	Ich möchte (eine Party organisieren).
J'invite (mes copains).	Ich lade (meine Freunde) ein.
Joyeux anniversaire!	Alles Gute zum Geburtstag!

	Ma fête préférée, c'est (Noël) parce qu'(on retrouve la famille).	Mein Lieblingsfest ist (Weihnachten), weil (die Familie zusammenkommt).
	On prépare (des plats traditionnels).	Wir kochen (traditionelle Gerichte).
	Est-ce que tu peux apporter (des boissons)?	Kannst du (Getränke) mitbringen?
	Est-ce qu'il y a (des cadeaux)?	Gibt es (Geschenke)?
	Qu'est-ce que tu vas mettre?	Was wirst du anziehen?
Unité 6	Ça veut dire que personne n'(a acheté de cadeaux)?	Heißt das, dass niemand (Geschenke gekauft hat)?
	Je pense qu'on voulait (les acheter samedi).	Ich denke, wir wollten (sie am Samstag kaufen).
	Je n'ai malheureusement pas d'idée.	Ich habe leider keine Idee.
	On pourrait (aller au cinéma) ensemble.	Wir könnten zusammen (ins Kino gehen).
	Elle a le temps (dimanche soir).	Sie hat (Sonntagabend) Zeit.

21 Poser des questions et s'informer | Nachfragen und Informationen einholen

	Je ne comprends pas.	Ich verstehe nicht.
	Pardon?	Wie bitte?
	Est-ce que vous pouvez répéter, s'il vous plaît?	Können Sie das bitte wiederholen?
Unité 1	Je voudrais savoir si (vous avez des plats chauds).	Ich würde gern wissen, ob (Sie warme Gerichte haben).

Est-ce que tu peux demander (au prof) s'(il y a des devoirs pour demain)?	Kannst du (den Lehrer) fragen, ob (wir für morgen Hausaufgaben bekommen)?

22 Décrire le chemin | Den Weg beschreiben

Pardon, madame/monsieur, on cherche la route pour aller à (Nantes).	Entschuldigen Sie, wir suchen die Straße nach (Nantes).
Vous prenez (la première rue) (à gauche).	Ihr nehmt / Sie nehmen die (erste Straße) (links).
Après (500 mètres), tu tournes (à droite).	Nach (500 Metern) biegst du (rechts) ab.
Au (deuxième) carrefour, tu tournes (à gauche).	An der (zweiten) Kreuzung biegst du (links) ab.
Au feu rouge, vous tournez (à droite).	Bei der Ampel biegen Sie / biegt ihr (rechts) ab.
Au bout de la rue, tu tournes (à gauche).	Am Ende der Straße biegst du (links) ab.
Tu traverses (deux rues).	Du überquerst (zwei Straßen).
Tu continues toujours tout droit.	Du gehst/fährst immer weiter geradeaus.
Pardon, madame/monsieur, pour aller à (la tour Eiffel), il faut prendre quel métro, s'il vous plaît?	Entschuldigen Sie bitte, mit welcher U-Bahn kommt man (zum Eiffelturm)?
Pardon, madame/monsieur, on cherche la ligne pour aller (au Louvre).	Entschuldigen Sie, wir suchen die U-Bahn-Linie, die (zum Louvre) fährt.
Vous allez en métro / en bus / en RER.	Ihr fahrt / Sie fahren mit der U-Bahn / mit dem Bus / mit der S-Bahn.

Vous prenez la ligne (4) direction («Porte d'Orléans») jusqu'à («Saint-Michel»).	Sie nehmen / Ihr nehmt die Linie (4) Richtung („Porte d'Orléans") bis („Saint-Michel").
Là, vous changez.	Dort steigen Sie / steigt ihr um.
Prenez le RER. C'est direct.	Nehmen Sie / Nehmt die S-Bahn. Sie fährt direkt dorthin.
Vous descendez à la station («Champ de Mars»).	Steigen Sie / Steigt an der Station („Champ de Mars") aus.

23 Donner son avis | Seine Meinung äußern

Je trouve que c'est (super/formidable/important/nul/horrible).	Ich finde, dass es (super/toll/wichtig/doof/schrecklich) ist.
Je crois/pense que (c'est super).	Ich glaube/denke, dass (es super ist).
À mon avis, ce n'est pas la réponse.	Meiner Meinung nach ist das nicht die Antwort.
Ce n'est pas mon truc.	Das ist nicht mein Ding.
Ce n'est pas possible!	Das ist doch nicht möglich!
C'est l'horreur!	Das ist furchtbar!
C'est ça qui compte.	Das ist es, was zählt.
Ça m'est égal.	Das ist mir egal.
Ça dépend.	Das kommt darauf an.

24 Discuter d'un film / d'une émission | Über einen Film / eine Sendung diskutieren

2 Quelle émission est-ce que tu veux regarder?	Welche Sendung möchtest du dir anschauen?
(Les émissions sur les animaux) ne me plaisent pas trop.	(Tiersendungen) gefallen mir nicht so gut.
Je préfère (les films d'animation).	Ich mag lieber (Animationsfilme).
(Les histoires d'amitié), ça m'intéresse.	Mich interessieren (Geschichten über Freundschaft).
J'ai envie de regarder le film avec (Will Smith) parce qu'il y a (des scènes drôles).	Ich möchte mir den Film mit (Will Smith) anschauen, weil darin (lustige Szenen) vorkommen.
Je voudrais regarder («Tintin») parce qu'il y a (de bons effets spéciaux).	Ich würde mir gern („Tim und Struppi") anschauen, weil (die Spezialeffekte gut) sein sollen.
On voudrait voir («Qu'est-ce qu'on a fait au Bon Dieu») parce qu'on pense que (le film est drôle).	Wir möchten („Monsieur Claude und seine Töchter") sehen, weil wir denken, dass (der Film lustig ist).
On ne veut pas voir ce film parce que (les films romantiques) ne nous plaisent pas trop.	Wir wollen den Film nicht sehen, weil (romantische Filme) uns nicht sehr gefallen.

25 Faire une suggestion | Vorschläge äußern

3 J'aimerais avoir plus d'(ordinateurs au CDI).	Ich hätte gerne mehr (Computer in der Schulbibliothek).
J'aimerais avoir moins de (surveillants).	Ich hätte gerne weniger (Aufsichtspersonen).

Il nous manque (un endroit pour nous retrouver).	Uns fehlt (ein Ort, um uns zu treffen).
Je voudrais changer (l'heure de la récré).	Ich würde gerne (den Zeitpunkt der Pause) ändern.
Je voudrais avoir la possibilité de (faire du sport pendant la récré).	Ich hätte gerne die Möglichkeit, (während der Pause Sport zu machen).
Unité 6 On pourrait (aller au cinéma ensemble).	Wir könnten (zusammen ins Kino gehen).

26 Donner des conseils | Ratschläge geben

Il faut (trouver des arguments).	Man muss (Argumente finden).
Il ne faut pas (baisser les bras).	Du darfst / Man darf / Wir dürfen nicht (aufgeben).
Tu pourrais (regarder sur Internet).	Du könntest (im Internet nachsehen).

27 Se mettre d'accord | Sich einigen

Oui, bien sûr.	Ja, natürlich.
Est-ce que tu es / vous êtes d'accord?	Bist du / Seid ihr / Sind Sie einverstanden?
Non, je ne suis pas d'accord.	Nein, ich bin nicht einverstanden.
C'est possible.	Das ist möglich.
Moi aussi.	Ich auch.
Moi non plus.	Ich auch nicht.
Unité 6 Tout le monde est d'accord?	Sind alle einverstanden?

28 Évaluer | Feedback geben

Dire quelque chose de positif | Loben

Ta (présentation) m'a plu parce que (tu as bien parlé et on a tout compris).	Dein (Vortrag) hat mir gefallen, weil (du gut geredet hast und man alles verstehen konnte).
Je trouve que (ta présentation) était bien/intéressante/sympa.	Ich finde, dass (dein Vortrag) gut/interessant/sympathisch war.
À mon avis, tu as bien organisé tes idées.	Meiner Meinung nach hast du deine Ideen gut geordnet.
On peut voir que tu as passé beaucoup de temps à préparer ta présentation.	Man merkt, dass du viel Zeit in die Vorbereitung deines Vortrags gesteckt hast.
J'ai surtout aimé (la présentation des personnages).	Mir hat vor allem (die Vorstellung der Figuren) gefallen.
Je trouve que tu as bien expliqué (l'histoire).	Ich finde, dass du (die Geschichte) gut erklärt hast.
Les photos sur l'affiche montrent bien (les spécialités de la région).	Die Fotos auf deinem Poster zeigen gut (die Spezialitäten der Region).
Tu as bien décrit (les monuments de notre région).	Du hast (die Sehenswürdigkeiten der Region) gut beschrieben.

Donner une critique | Eine Kritik äußern

Mais on ne t'entendait pas bien.	Aber wir konnten dich nicht gut hören.
Par contre, tu n'as pas bien (appris ton texte).	Allerdings hast du (deinen Text nicht gut gelernt).
Tu as oublié d'(expliquer les mots difficiles).	Du hast vergessen, (die schwierigen Wörter zu erklären).
On n'a pas bien compris.	Wir haben es nicht richtig verstanden.
Tu as parlé trop vite/lentement.	Du hast zu schnell/langsam gesprochen.

Donner un conseil | Einen Ratschlag geben

La prochaine fois, tu dois (parler plus fort/vite/lentement).	Das nächste Mal musst du (lauter/schneller/langsamer sprechen).
Je pense que tu dois (mieux apprendre ton texte).	Ich denke, dass du (deinen Text besser lernen) musst.
Tu pourrais t'entraîner avec tes copains.	Du könntest mit deinen Freunden üben.
Je crois qu'il faut (nous expliquer les mots difficiles parce qu'on n'a pas tout compris).	Ich glaube, dass du (uns die schwierigen Wörter erklären musst, weil wir nicht alles verstanden haben).

29 Jouer ensemble | Zusammen spielen

Lance le dé.	Würfle.
C'est ton pion?	Ist das deine Spielfigur?

C'est à qui?	Wer ist dran?
C'est à moi. / C'est à toi.	Ich bin dran. / Du bist dran.
Tu as triché!	Du hast geschummelt!
Passe un tour.	Setze einmal aus.
Avance de (deux) cases.	Rücke (zwei) Felder vor.
Retourne/Retournez à la case (départ).	Geh/Geht zum (Start-)Feld zurück.
J'ai gagné! / Tu as gagné!	Ich habe gewonnen! / Du hast gewonnen!

30 Parler à table | Über Essen und Trinken sprechen

6 J'ai soif.	Ich habe Durst.
J'ai faim.	Ich habe Hunger.
Je meurs de faim!	Ich sterbe vor Hunger!
Bon appétit!	Guten Appetit!
Ça sent bon!	Das riecht gut!
C'est (très) bon!	Das ist (sehr) gut!
C'est délicieux!	Das ist köstlich!
Tu en veux?	Möchtest du etwas davon?
Tu peux / Vous pouvez me passer (la carafe d'eau), s'il te plaît / s'il vous plaît?	Kannst du / Können Sie mir bitte (die Wasserkaraffe) reichen?

Merci, j'en reprends encore un peu.	Danke, ich nehme noch ein bisschen.
Non merci, je n'ai plus faim!	Nein danke, ich habe keinen Hunger mehr.
Je peux aussi en avoir une?	Kann ich auch eine davon haben?
Il n'y en a plus!	Es gibt keine mehr.

31 Participer à un échange scolaire | An einem Schüleraustausch teilnehmen

Est-ce que tu peux répéter, s'il te plaît?	Könntest du das bitte nochmal sagen?
Je ne comprends pas.	Ich verstehe das nicht.
Comment est-ce qu'on dit (___) en français/allemand?	Wie sagt man (___) auf Französisch/Deutsch?
On dit (___).	Man sagt (___).
C'est la même chose que (___).	Das ist dasselbe wie (___).
Où sont les toilettes?	Wo ist die Toilette?
Est-ce que je peux me doucher?	Kann ich duschen?
Je suis fatigué(e).	Ich bin müde.
Quel est le mot de passe du WIFI?	Wie lautet das WLAN-Passwort?
Je fais une allergie (aux tomates).	Ich habe eine Tomatenallergie.
Je suis végétarien/végétarienne.	Ich bin Vegetarier/Vegetarierin.
Je ne mange pas de porc / pas de poisson.	Ich esse kein Schweinefleisch / keinen Fisch.

Est-ce que je peux vous aider?	Kann ich Ihnen helfen?
Ma famille d'accueil est (sympa).	Meine Gastfamilie ist (nett).
On a une soirée/journée libre.	Wir haben einen freien Abend/Tag.
J'ai beaucoup de / peu de temps libre.	Ich habe viel/wenig Freizeit.
Quand est-ce que je dois me lever demain?	Wann muss ich morgen aufstehen?
Qu'est-ce qu'on va faire aujourd'hui/demain?	Was machen wir heute/morgen?
Quand est-ce qu'on va revenir ce soir?	Wann kommen wir heute Abend zurück?
Est-ce qu'on va organiser une fête d'adieu?	Organisieren wir eine Abschiedsfeier?

Arbeitsanweisungen verstehen

A

l'accord *m.*	die Angleichung
l'affiche *f.*	das Plakat
À toi! / À vous!	Du bist dran! / Ihr seid dran!
Apprends/Apprenez ... (par cœur).	Lerne/Lernt ... (auswendig).
à haute voix	laut (lesen)
à l'aide de	mit Hilfe von
à tour de rôle	abwechselnd
un/une **autre** ...	ein/eine andere/r ...
les **autres**	die anderen

B

la **bulle** / les **bulles**	die Sprechblase/n

C

le/la **camarade de classe**	der/die Mitschüler/in
la **chanson**	das Lied
Chante/Chantez ...	Sing/Singt ...

chaque phrase	jeder Satz
Choisis/Choisissez ...	Wähle/Wählt ...
comme modèle	als Modell
Compare/Comparez avec ...	Vergleiche/Vergleicht mit ...
Comparez vos résultats.	Vergleicht eure Ergebnisse.
Complète/Complétez (par) ...	Ergänze/Ergänzt (mit) ...
Continue. / Continuez.	Mache weiter. / Macht weiter.
le contraire	das Gegenteil
la conversation	das Gespräch
le/la corres(pondant/e)	der/die Austauschpartner/in
correspondre à qc	zu etw. passen

D

De quoi s'agit-il (dans ...)?	Worum geht es (in ...)?
Décris/Décrivez ...	Beschreibe/Beschreibt ...
Demande/Demandez ...	Frage/Fragt ...
le dessin	die Zeichnung
Devine. / Devinez.	Rate./Ratet.
le dialogue	der Dialog

Dicte/Dictez ...	Diktiere/Diktiert ...
la **différence**	der Unterschied
Dis/Dites ...	Sage/Sagt ...

E

Échangez les feuilles.	Tauscht die Blätter.
Échangez les rôles.	Tauscht die Rollen.
Échangez vos résultats.	Tauscht eure Ergebnisse aus.
Écoute et réponds.	Hör zu und antworte.
Écris/Écrivez ...	Schreibe/Schreibt ...
Écris dans ton cahier./Écrivez dans vos cahiers.	Schreibe in dein Heft./Schreibt in eure Hefte.
l'**encadré** *m.*	der Kasten
encore une fois	noch einmal
l'**esquisse** *f.*	die Skizze
Évaluez ...	Bewertet ...
Explique/Expliquez ...	Erkläre/Erklärt ...
Explique à un ami/une amie qui ne comprend pas le français ...	Erkläre einem Freund/einer Freundin, der/die kein Französisch versteht ...
les **expressions (utiles)** *f. pl.*	die (nützlichen) Redewendungen

ais/Faites attention à ...	Achte/Achtet auf ...
ais/Faites des associogrammes.	Erstelle/Erstellt Mindmaps.
ais/Faites des recherches.	Recherchiere. / Recherchiert.
ais/Faites des devinettes.	Denke dir / Denkt euch Rätsel aus.
ais/Faites l'exercice.	Mach/Macht die Übung.
a feuille	das Blatt (Papier)
orme/Formez des phrases.	Bilde/Bildet Sätze.
ormule/Formulez une règle.	Formuliere/Formuliert eine Regel.

H

'histoire f.	die Geschichte
'hypothese f.	die Vermutung

I

l y a une image / un mot ... en trop.	Ein Bild/Wort ... ist zu viel.
l y a plusieurs possibilités.	Es gibt mehrere Möglichkeiten.
'image f.	das Bild
magine. / Imaginez.	Denk dir (etwas) aus. / Denkt euch (etwas) aus.
'intrus m.	der „Eindringling"

J

le **jeu de rôle**	das Rollenspiel
Joue/Jouez (la scène / le dialogue).	Spiele/Spielt (die Szene / den Dialog).
Jouez aux dés.	Würfelt.
Justifie (ta réponse / ton choix).	Begründe (deine Antwort/Auswahl).

L

la **lettre**	der Buchstabe, der Brief
Lève/Levez la main.	Hebe/Hebt die Hand. / Melde dich / Meldet euch.
Lis/Lisez ... (à haute voix).	Lies/Lest ... (laut).

M

Mettez-vous d'accord.	Einigt euch.
le **modèle**	das Modell
Montre/Montrez ...	Zeige/Zeigt ...
le **mot-clé**	das Schlüsselwort

N

les **nombres** *m. pl.*	die Zahlen
Nomme/Nommez ...	Nenne/Nennt ...

Note/Notez ...	Schreibe/Schreibt ...

O

l'ordre *m*.	die Reihenfolge
Ouvre/Ouvrez ...	Öffne/Öffnet ...

P

par cœur	auswendig
Partenaire B va à la page (154).	Partner B schlägt Seite (154) auf.
le personnage	die Person
la phrase	der Satz
les phrases fausses	die falschen Sätze
Pose/Posez des questions.	Stelle/Stellt Fragen.
Posez des questions et répondez.	Stellt Fragen und antwortet.
Prends/Prenez des notes.	Mache dir / Macht euch Notizen.
la présentation numérique	die Computerpräsentation
Présente/Présentez ...	Stelle/Stellt ... vor.

Q

Qu'est-ce que tu apprends sur ...?	Was erfährst du über ...?

Qu'est-ce que tu remarques / vous remarquez?	Was fällt dir/euch auf?
Qu'est-ce qui se passe?	Was passiert?
Qu'est-ce qui s'est passé?	Was ist passiert?
Qu'est-ce qui va ensemble?	Was passt zusammen?
Que veut dire ...? / Que veulent dire ...?	Was heißt ...? / Was heißen ...?
Quel mot va avec quelle image?	Welches Wort passt zu welchem Bild?
Quelle phrase va avec quelle photo?	Welcher Satz passt zu welchem Foto?

R

Raconte/Racontez ...	Erzähle/Erzählt ...
la règle	die Regel
Réécris/Réécrivez ...	Schreibe/Schreibt ... um.
Relie/Reliez ...	Verbinde/Verbindet ...
Réponds. / Répondez.	Antworte. / Antwortet.
Réponds/Répondez aux questions.	Antworte/Antwortet auf die Fragen.
Résume/Résumez ...	Fasse/Fasst ... zusammen.
le résultat	das Ergebnis
Retrouve/Retrouvez (l'ordre) ...	Finde/Findet (die Reihenfolge) ... wieder.
les rimes *f. pl.*	die Reime

e rôle	die Rolle

S

e site Internet	die Internetseite
e son	der Laut, der Ton
a sorte de texte	die Textsorte
Souligne/Soulignez ...	Unterstreiche/Unterstreicht ...
suivant/suivante	folgende/n/s
Sur quoi est-ce que tu peux t'informer?	Worüber kannst du dich informieren?
Survole/Survolez ...	Überfliege/Überfliegt ...

T

e tableau	die Tafel, die Tabelle
e texte audio	der Hörtext
e titre	die Überschrift, der Titel
Traduis/Traduisez ...	Übersetze/Übersetzt ...
Travaillez à deux / à quatre.	Arbeitet zu zweit / zu viert.
Trouve/Trouvez ...	Finde/Findet ...

U

utile/s	nützlich/e
Utilise/Utilisez ...	Verwende/Verwendet ...

V

le voisin / la voisine	der Nachbar / die Nachbarin
Vrai ou faux?	Richtig oder falsch?